essentials

essentials liefern aktuelles Wissen in konzentrierter Form. Die Essenz dessen, worauf es als „State-of-the-Art" in der gegenwärtigen Fachdiskussion oder in der Praxis ankommt. *essentials* informieren schnell, unkompliziert und verständlich

- als Einführung in ein aktuelles Thema aus Ihrem Fachgebiet
- als Einstieg in ein für Sie noch unbekanntes Themenfeld
- als Einblick, um zum Thema mitreden zu können

Die Bücher in elektronischer und gedruckter Form bringen das Expertenwissen von Springer-Fachautoren kompakt zur Darstellung. Sie sind besonders für die Nutzung als eBook auf Tablet-PCs, eBook-Readern und Smartphones geeignet. *essentials:* Wissensbausteine aus den Wirtschafts-, Sozial- und Geisteswissenschaften, aus Technik und Naturwissenschaften sowie aus Medizin, Psychologie und Gesundheitsberufen. Von renommierten Autoren aller Springer-Verlagsmarken.

Weitere Bände in der Reihe http://www.springer.com/series/13088

Jörg Middendorf · Ben Furman

Lösungsorientiertes Team-Coaching

Eine reteaming®
Workshop-Anleitung

 Springer

Jörg Middendorf
BCO Büro für Coaching
und Organisationsberatung
Frechen, Deutschland

Ben Furman
Helsinki, Finnland

reteaming® ist ein markenrechtlich geschützter Begriff. Rechteinhaber ist das Helsinki Brief Therapy Institute (Referenznummer LTI001), vertreten durch Ben Furman.

ISSN 2197-6708   ISSN 2197-6716   (electronic)
essentials
ISBN 978-3-658-26539-7   ISBN 978-3-658-26540-3   (eBook)
https://doi.org/10.1007/978-3-658-26540-3

Die Deutsche Nationalbibliothek verzeichnet diese Publikation in der Deutschen Nationalbibliografie; detaillierte bibliografische Daten sind im Internet über http://dnb.d-nb.de abrufbar.

Springer ist ein Imprint der eingetragenen Gesellschaft Springer Fachmedien Wiesbaden GmbH und ist ein Teil von Springer Nature
Die Anschrift der Gesellschaft ist: Abraham-Lincoln-Str. 46, 65189 Wiesbaden, Germany

Was Sie in diesem *essential* finden können

- Grundannahmen lösungsfokussierter Arbeit
- Die reteaming Motivationsformel
- Ablauf eines Team-Coaching
- Konkretes Handwerkszeug zur Durchführung eines reteaming Workshops
- Visualisierungen aller notwendigen Workshop Flip Charts

Die Originalversion des Buchs wurde revidiert. Ein Erratum ist verfügbar unter
https://doi.org/10.1007/978-3-658-26540-3_6

Inhaltsverzeichnis

Über die Autoren

Jörg Middendorf ist Diplom-Psychologe, Senior Coach (DBVC) und leitet das BCO Büro für Coaching und Organisationsberatung bei Köln. BCO

Jörg Middendorf
Augustinusstraße 11d
50226 Frechen-Königsdorf
E-Mail: middendorf@BCO-Koeln.de
Web: www.BCO-Koeln.de

Ben Furman ist ein finnischer Psychiater, Psychotherapeut und Mitgründer des Helsinki Brief Therapy Institute. Er gilt als international anerkannter Experte für lösungsfokussierte Therapie, Coaching und Organisationsberatung.

Helsinki Brief Therapy Institute
Haapalahdenkatu 1
FI-00300 Helsinki, Finland
E-Mail: mail@brieftherapy.fi
Web: www.brieftherapy.fi

Visualisierungen/Bildnachweis

Herzlichen Dank an Jörg Schmidt!
Die Visualisierungen für das Buch stammen aus der
Feder von Jörg Schmidt: Mediator, Moderator und
Trainer für Visualisierungen in Trainings und Work-
shops.

Mehr Informationen unter www.einfach-visualisie-
ren.com

Einleitung

1

Lösungsorientiertes Team-Coaching kann es in verschiedenen Formen geben. In diesem Buch wird das Reteaming als ein spezifischer Ansatz des Team-Coachings dargestellt. Bevor wir später auf die Annahmen des Reteaming-Ansatzes eingehen, werden hier wesentliche Grundannahmen dargestellt, die allen lösungsorientierten Ansätzen gemeinsam sind:

- Im Zentrum steht die vom Klienten erwünschte Zukunft – diese Zukunft ist durch den Klienten gestaltbar.
- Klienten haben alle Ressourcen, Fähigkeiten und das Wissen, um ihr Leben besser zu machen, wenn sie entscheiden, dass dies gut für sie ist und sie es wollen.
- Veränderung passieren ständig – der Coach unterstützt den Klienten, die Veränderungen in Richtung erwünschte Zukunft zu lenken und zu verstärken.
- Der Experte für das Leben des Klienten ist der Klient selbst.
- Der Coach arbeitet auf Augenhöhe mit den Klienten zusammen und versucht, so wenig Annahmen über diese zu treffen wie möglich.

Im *essential*-Band „Lösungsorientiertes Coaching – Kurzzeit-Coaching für die Praxis" wurde bereits detaillierter über Grundannahmen der Lösungsfokussierung, basierend auf de Shazer, Insoo Kim Berg, et al., geschrieben, sodass wir hier nicht noch einmal darauf eingehen werden. Dort wurde ebenfalls erläutert, wie es zur synonymen Verwendung der Begriffe „Lösungsorientierung" und „Lösungsfokussierung" im deutschsprachigen Raum gekommen ist, sodass wir auch dies an dieser Stelle nicht wiederholen möchten. Wir nutzen im Folgenden einfach die Kurzform „LF Coaching" für Lösungsfokussiertes (= Lösungsorientiertes) Coaching.

© Springer Fachmedien Wiesbaden GmbH, ein Teil von Springer Nature 2019
J. Middendorf und B. Furman, *Lösungsorientiertes Team-Coaching*, essentials,
https://doi.org/10.1007/978-3-658-26540-3_1

Wichtiger als die Grundannahmen des LF Coachings oder die Begrifflichkeiten ist eine Konsequenz der oben aufgeführten Annahmen für den LF Coaching-Prozess: Im LF Einzel-Coaching wie auch im LF Team-Coaching kann sich die Arbeit zwischen Klienten und Coach auf ein einziges Treffen beschränken. Da Veränderungen sowie so passieren, die Klienten alle Ressourcen zur Gestaltung ihrer erwünschten Zukunft haben und der Coach den Klienten nur darin unterstützt, die Richtung der Veränderung zu bestimmen, reicht oft eine Sitzung aus, um die Coaching-Arbeit zu beginnen und zu beenden. Dies ist wichtig zu verstehen, da viele Ansätze im Coaching und auch im Team-Coaching davon ausgehen, dass ein Coaching-Prozess immer über mehrere Treffen gehen muss. Dahinter steckt die Annahme, dass ein Coaching mit der Aufnahme und Analyse der Ausgangssituation beginnt, sich daraus Themenfelder und Ziele ableiten lassen, die dann zu einem Arbeitsplan führen, welche Coach und Klient im Laufe von sechs bis zehn Sitzungen abarbeiten.

Der Fokus dieser Art von Coaching richtet sich sowohl auf die Vergangenheit und deren Problemsituationen wie auch auf die Begleitung des Klienten zu seiner Zielerreichung. Im LF Coaching konzentriert man sich dagegen auf die Formulierung der erwünschten Zukunft und die Nutzbarmachung vorhandener Ressourcen des Klienten, um der allgemeinen Veränderungsdynamik die gewünschte Richtung zu geben. Dazu reicht häufig eine Coaching-Sitzung vollkommen aus. Natürlich muss es nicht zwingend bei nur einem Treffen bleiben, es kann durchaus zu mehreren Treffen kommen, wenn dies vom Klienten gewünscht ist. In der Praxis sind es oft zwei oder drei Treffen, wobei das zweite oder dritte Treffen oft lediglich eine Verstärkung der angestoßenen Veränderungen beinhaltet. Allerdings macht es einen entscheidenden Unterschied in der Haltung des Coaches, ob ich generell von bis zu zehn Treffen oder von einem Treffen ausgehe. Diese generelle Kompetenzzuschreibung gilt für das LF Einzel-Coaching genauso wie für das LF Team-Coaching.

Der folgende Ansatz des Team-Coachings wurde von Ben Furman und Tapani Ahola entwickelt und wird heute auf der ganzen Welt genutzt. Er teilt die allgemeinen Grundannahmen zum lösungsfokussierten Arbeiten und ergänzt diese durch sehr konkrete und tausendfach in der Praxis erprobte Schritte zur Unterstützung von Teams beim aktiven Gestalten ihrer erwünschten Zukunft.

Viel Spaß beim Lesen und Ausprobieren!

Jörg Middendorf und Ben Furman

Einführung in den Reteaming Ansatz 2

Entstehungsgeschichte

In den 90er Jahren wurden Ben Furman, ein finnischer Psychiater, und sein Partner Tapani Ahola, ein finnischer Sozialpsychologe, zunehmend häufiger von Unternehmen und Organisationen, gebeten sie zu beraten. Beide waren bereits als Ausbilder für die Lösungsfokussierte Kurzzeittherapie bekannt und anerkannt. In der Arbeit mit Organisationen und Teams nutzen sie dann die gleichen Prinzipien und Strategien, denen sie auch bei Ihrer Arbeit mit einzelnen Klienten und Familien folgten: Beschreiben einer erwünschten Zukunft, Bewusstmachen bereits erfolgter Fortschritte, Setzen von erreichbaren Zielen, Betrachten vorhandener Ressourcen und anderes mehr. Furman und Ahola erkannten, dass ihnen die Prinzipien und Strategien der Lösungsfokussierten Therapie, mit nur geringfügigen Änderungen, als Leitfaden in der Arbeit mit Teams und sogar Organisationen dienen konnten.

In der Zusammenarbeit mit dem Gesundheitsbereich des nationalen Ölkonzerns Finnlands (Neste) entwickelten sie ebenfalls in den 1990er Jahren ein Schritt-für-Schritt-Vorgehen für das Coaching von Teams, um deren Zusammenarbeit und Wirken zu optimieren. Ziel dieses Projekts war es ein einfach anzuwendendes Handbuch für das Coaching von Teams zu verfassen. Als Ergebnis entstand ein Prozessmodell mit zwölf klar definierten Schritten, Reteaming genannt. In der Folgezeit erwies sich Reteaming als ein überaus nützliches Werkzeug in der Arbeit mit Teams in unterschiedlichsten Kontexten, wie Unternehmen, öffentlichen Verwaltungen und Nichtregierungsorganisationen.

Ben Furman und Tapani Ahola stellten den Ablauf der zwölf Schritte sowohl Kollegen in Finnland als auch in anderen Ländern vor. Schnell zeigte sich, dass der mit dem Reteaming eingeschlagene Weg eine stärkere Anziehungskraft hatte, als die Begründer des Ansatzes dies anfänglich vermutet hatten. In wenigen Jahren

© Springer Fachmedien Wiesbaden GmbH, ein Teil von Springer Nature 2019
J. Middendorf und B. Furman, *Lösungsorientiertes Team-Coaching*, essentials,
https://doi.org/10.1007/978-3-658-26540-3_2

hatte sich Reteaming nicht nur in anderen skandinavischen Ländern, sondern auch, durch die Arbeit von Wilhelm Geisbauer aus Österreich, im deutschsprachigen Raum verbreitet. Heute gibt es zertifizierte Reteaming-Coaches in vielen Ländern der Erde; darunter auch in Japan, China und Indonesien. Dabei nutzen Reteaming-Coaches die Methode in den unterschiedlichsten Anwendungsfeldern. Der Ansatz erweist sich als eine hochgradig funktionale und gleichzeitig pragmatische Anleitung für die Arbeit mit Teams und Organisationen, aber auch mit Individuen, wenn es darum geht Probleme in Ziele zu verwandeln und die notwendige Motivation aufzubauen, diese Ziele auch zu erreichen.

Das Besondere an Reteaming
In vielen Organisationen haben die Menschen sehr viel Erfahrung mit problemorientierten Gesprächen und Besprechungen. Diese Gespräche werden durch die verantwortliche Führungskraft oder auch durch einen externen Moderator geleitet. Ziel ist es, die Probleme auf den Tisch zu bringen und diese in der Gruppe zu diskutieren. Solche Diskussionen gehen ein hohes Risiko ein, sich um Schuldzuweisungen zu drehen. Grund ist die Tatsache, dass viele Menschen davon ausgehen, der beste Weg zur Problemlösung gehe über die Problemanalyse, um so die Ursache des Problems zu identifizieren. Die Suche nach der Ursache führt dann zu Erklärungen, die sehr häufig als Anklagen verstanden werden, da jede Erklärung für die Problemursachen im Team immer mit Menschen verbunden ist. Das führt nicht nur zu einem ganz natürlichen Verteidigungsverhalten, sondern sehr häufig zu Gegenerklärungen (Gegenschlägen) und einer Eskalation. Keiner möchte als Ursache für ein Problem verantwortlich gemacht werden.

Der Lösungsfokussierte Ansatz vermeidet diese unglückliche Konstellation von anklagender Erklärung, Verteidigung und Gegenklage. Liegt der Fokus nicht mehr auf den Problemen und dem Versuch die Problemursache zu finden, ändert sich die Atmosphäre des Gesprächs deutlich. „Wie soll unsere Zukunft im Team aussehen?" ist eben eine ganz andere Frage als „Was läuft nicht und warum läuft es nicht?" Menschen bevorzugen es, über die erwünschte Zukunft zu sprechen. Es weckt bei den Beteiligten Hoffnung. Sie hören einander besser zu, wenn es um die Träume des Gegenübers geht anstatt um dessen Probleme. Hören sich Team-Mitglieder erst einmal gegenseitig zu, werden sie auch offener dafür, Ressourcen im anderen zu sehen und zeigen mehr Interesse an den Ideen und Vorschlägen des Gegenübers.

Der Lösungsfokussierte Ansatz erzeugt eine positive Energie im System, die zu neuen kreativen Ideen und Formen der Zusammenarbeit führen. Das gelingt durch seinen Fokus auf der Hoffnung auf eine bessere Zukunft, bereits gemachte Fortschritte, Ressourcen innerhalb und außerhalb des Teams, kleine Schritte zur

Veränderung, Versprechen zur positiven Veränderung beizutragen und einem Nachhalten von Fortschritten. Reteaming kann als eine Methode zur Problemlösung angesehen werden, die sich besonders für die gemeinschaftliche Problemlösung eignet. Es ist ein pragmatisches Werkzeug für Teams und Gruppen, die gemeinsam auf der Suche nach einer konstruktiven Problemlösung und/oder Wegen zu einer verbesserten Zusammenarbeit sind.

Die fünf Faktoren der Motivation

Motivation ist ein sehr komplexes Konzept und füllt ganze Bände der psychologischen Literatur. Mit dem Ziel der Vermittlung zentraler Aspekte der Motivationspsychologie haben wir uns die Freiheit genommen, einige Kernelemente verschiedener Motivationstheorien in fünf zentrale Faktoren der Motivation zu übersetzen. Diese Faktoren sind natürlich eine sehr starke Vereinfachung des psychologischen Motivationskonzeptes, dennoch sind sie nicht weit entfernt von dem, was uns auch anerkannte Wissenschaftler zu diesem Thema sagen.

Als erstes gehen wir davon aus, dass es schwer fällt motiviert zu sein, wenn kein eigenes Ziel vorhanden ist. Ein eigenes und erstrebenswertes Ziel ist also eine Voraussetzung für Motivation. Ist ein solches Ziel erst einmal vorhanden, können wir darüber nachdenken, was Menschen brauchen, um die notwendige Energie, das Interesse, den Willen, die Hartnäckigkeit und das Durchhaltevermögen zu generieren, um das zu tun, was notwendig ist, um das Ziel zu erreichen. Wir schlagen dazu folgende Faktoren vor, die notwendig sind, um Motivation aufzubauen.

1. Identifikation: Es ist Ihr eigenes Ziel.
2. Attraktivität: Das Ziel ist für Sie attraktiv.
3. Zuversicht: Sie Vertrauen in Ihre Fähigkeit das Ziel zu erreichen.
4. Erfolg: Sie erleben Fortschritte auf dem Weg zum Ziel.
5. Durchhaltevermögen: Sie geben bei Rückschlägen nicht auf.

Bringt man die fünf Faktoren in eine metaphorische Formel, sieht diese folgendermaßen aus:

$$M = Za \times VE \times FM \times SR$$

Die Reteaming-Formel besagt also, dass die Motivation zur Veränderung durch ein eigenes, attraktives Ziel (Za) mal Vertrauen in den Erfolg (VE) mal einem Fortschrittsmonitoring (FM), welches die Erfolge sichtbar macht, mal Strategien gegen Rückschläge (SR) entsteht. Schauen wir uns nun die fünf Faktoren etwas genauer an.

Identifikation

Menschen sind stärker motiviert, wenn es darum geht, eigene Ziele zu erreichen! Damit sind Ziele gemeint, die sie sich selbst gesetzt haben, anstatt Ziele, die ihnen von anderen vorgegeben wurden. Reteaming berücksichtigt genau das. Im Reteaming-Prozess sind die Ziele daher nicht vorgegeben. Stattdessen werden Teilnehmer eines Reteaming-Workshops eingeladen, über ihre erwünschte Zukunft oder eine attraktive Vision nachzudenken, um so zu den eigenen Zielen zu kommen.

Eine weitere Methode, eigene Ziele zu entwickeln, ist die Teilnehmer zu bitten, eine Liste aktueller Probleme anzufertigen und ihnen zu helfen, diese dann – Problem für Problem – in Ziele zu transformieren. Auch so kommen Menschen zu eigenen Zielen, anstatt die Ziele von jemand anderen bearbeiten zu müssen.

Gleichzeitig sind Individuen und Teams in Organisationen nicht immer in der Position, vollständig frei ihre eigenen Ziele zu setzten, da die Organisationsziele beachtet werden müssen. Das bedeutet, dass es einen übergeordneten Rahmen für die Zielsetzung in Organisationen geben muss, auch wenn es aus motivationaler Sicht ideal wäre, vollständig frei die eigenen Ziele bestimmen zu können. Dieser Umstand ist auch im Team-Coaching zu berücksichtigen.

Attraktivität

Im Reteaming achten wir sehr auf die Attraktivität des Ziels: „Ist das Ziel bedeutsam? Ist es wichtig? Welche positiven Effekte wird die Zielerreichung haben? Welche positiven Konsequenzen wird das Ziel für einen selbst und andere haben?" Der Grund für den Fokus auf die Attraktivität ist einfach: Je größer der erkennbare Nutzen, und damit die Attraktivität des Ziels ist, desto erstrebenswerter und interessanter wird es für die Teilnehmer. Sobald ein Ziel definiert ist, lohnt es sich, einige Zeit mit der Identifizierung der verschiedenen positiven Effekte zu verbringen, die die Zielerreichung für das Individuum, das Team und die gesamte Organisation haben wird. Die Diskussion im Team zum Nutzen ist wichtig, da einige Team-Mitglieder vielleicht schon vom Ziel und seinen Vorteilen überzeugt sind, während andere Team-Mitglieder dagegen noch nicht sehen können, was ihnen die Zielerreichung bringen soll. Ein gemeinsames Sammeln von Vorteilen der Zielerreichung hilft dabei, dass alle Teilnehmer in der Gruppe den Nutzen der gemeinsamen Zielverfolgung erkennen.

Zuversicht

Sie haben das Ziel selbst beziehungsweise zusammen im Team bestimmt. Sie sind überzeugt, dass die Zielerreichung viele Vorteile bringt und sich bezahlt machen wird. Dennoch reicht dies oft noch nicht aus, um Ihre Motivation zu aktivieren. Sie brauchen in der Regel auch den Glauben daran, dass die Zielerreichung möglich ist und dass sie auch für Sie möglich ist. Das ist der Grund, warum wir im Reteaming darauf achten, Zuversicht aufzubauen und aktiv nach Belegen dafür suchen, dass das Ziel nicht nur attraktiv ist, sondern auch erreichbar. Folgende Faktoren geben uns Vertrauen in unseren Erfolg:

1. Sie sind sich Ihrer eigenen Ressourcen bewusst.
2. Sie haben Unterstützer in Ihrem unmittelbaren Team, aber auch außerhalb Ihres Teams.
3. Sie sehen die Fortschritte, die Sie bereits jetzt gemacht haben, sodass Sie nicht bei null anfangen.
4. Sie können sich Ihren weiteren Fortschritt in kleinen aufeinander aufbauenden Schritten ausmalen.

Diese vier Elemente der Zuversicht sind integrale Bestandteile des Reteaming-Prozesses. Wir bitten die Menschen, darüber nachzudenken, welche Fortschritte sie schon jetzt auf dem Weg zu ihrem Ziel gemacht haben und welche hilfreichen Fähigkeiten, Kompetenzen oder Ressourcen sie im Team erkennen können. Wir bitten sie, sich vorzustellen, welche kleinen Schritte sie machen werden und welche Menschen sie um Unterstützung bei ihrer Zielerreichung bitten können. Damit wird auch offensichtlich, dass das Vertrauen in den Erfolg zusammen mit der Attraktivität des Ziels die Grundlagen des Reteamings sind.

Erfolg

Motivation kann also durch das eigene Ziel und dessen Attraktivität sowie das Vertrauen in den Erfolg erzeugt werden. Gleichzeitig wird diese Motivation nur von kurzer Dauer sein, wenn sie nicht durch die Erfahrung von Erfolg und Fortschritt verstärkt wird. Wird dieser Bestandteil der Motivationsgleichung eliminiert, verlieren alle anderen Bestandteile ihre Kraft. Es ist wichtig, sicher zu stellen, dass Menschen das Gefühl bekommen, Fortschritte zu machen und Erfolge zu erzielen. Fehlt dieses Gefühl, kann das schnell dazu führen, dass ihre anfängliche Motivation während des Prozesses abnimmt oder sogar erlischt. Aus diesem Grund achten wir im Reteaming-Prozess bewusst sowohl auf große wie auch auf kleine Anzeichen von Fortschritt in Richtung Ziel. Wir heben diese Anzeichen heraus, analysieren sie, zollen dem Team Respekt für das Erreichen des Fortschritts und danken allen Beteiligten für ihren Beitrag. Die Anerkennung von bisherigen Erfolgen, Fortschritten und Beiträgen zur Zielerreichung ist ein zentrales Element im Team-Coaching im Sinne des Reteaming.

Menschen neigen allerdings dazu, ihre bisherigen Erfolge zu übersehen. Hier spielt der Coach eine wichtige Rolle. Durch Fragen wie „Welche Fortschritte haben Sie bisher gemacht? Was noch ist passiert, mit dem Sie zufrieden sind? Was noch? Wie erklären Sie sich die positive Veränderung? Wie haben Sie das gemacht? Wie haben Ihre Kollegen Sie dabei unterstützt? Wie fühlt sich das für Sie an?" unterstützt der Coach das Erkennen der bisherigen Erfolge. Diese und ähnlichen Fragen sind das Handwerkszeug des Coaches. Mit ihnen fällt Licht auf das, was für die Aufrechterhaltung der Motivation wichtig ist.

Durchhaltevermögen
In einer idealen Welt wäre Fortschritt ein linearer Prozess, bei dem die Dinge einfach immer besser und besser werden würden. In der Realität ist Fortschritt allerdings selten so linear; er folgt eher der Regel „Zwei Schritte vorwärts und einen Schritt zurück".

Mit anderen Worten, mögliche Rückschläge im Prozess sind absehbar. Sie sind sogar unvermeidbar. Sie sind Teil des Gesamtprozesses. Daher sollten sie erwartet werden, anstatt den Versuch zu machen, sie ganz zu vermeiden. Es ist gut, optimistisch zu sein und an den Fortschritt zu glauben, gleichzeitig ist es aber auch wichtig, realistisch zu bleiben. Erfolgreiche Veränderungen sind das Ergebnis eines Zusammenspiels von Optimismus und Realismus. Optimismus, ohne die Bereitschaft mit Rückschlägen umzugehen, ist sogar riskant. Es kann zum Verlust der Motivation führen, sobald sich Rückschläge tatsächlich ereignen. Aus diesem Grund geht der Reteaming-Prozess explizit auf das Umgehen mit Rückschlägen ein. Ziel dieses Schrittes ist es, nicht das Schlimmste zu befürchten und über alle denkbaren Hindernisse nachzudenken, die auf dem Weg zum Ziel auftreten könnten. Vielmehr geht es darum, sich bewusst zu machen, dass unerwartete Rückschläge auftreten können und sich mental darauf einzustellen. Dadurch erreicht man eine Art Schutzimpfung gegen die demoralisierende Wirkung möglicher realer Rückschläge.

Zusammenfassend können wir sagen, dass Reteaming auf einer vereinfachten Theorie der Motivation aufbaut. Motivation ist demnach nicht einfach da oder abwesend. Es ist eine dynamische Antriebskraft, die abhängig ist von bestimmten Faktoren, die durch Coaching und Gespräche beeinflusst werden können. Je stärker Menschen das Gefühl haben, dass das Ziel auch ihr Ziel ist, je größer der Nutzen ist, den die Zielerreichung verspricht, je stärker das Vertrauen in den Erfolg ist, je deutlicher der Fortschritt wahrgenommen wird und je besser man sich auf den Umgang mit möglichen Rückschläge vorbereitet hat, desto wahrscheinlicher ist es, dass das Team alles hat und tun wird, um sich auf Veränderungen einzulassen und sein Ziel zu erreichen.

Auftragsklärung und Vorbereitung 3

3.1 Der erste Kontakt

Vor jedem Team-Coaching steht natürlich der erste Kontakt zwischen Führungs-kraft und Coach. In der Regel erfolgt dieser per Telefon oder per E-Mail. Sollte der Kontakt per E-Mail erfolgen, so dient dies in der Regel nur dazu, einen ers-ten Kontakt per Telefon zu organisieren. Ein Austausch über die Sache und deren Rahmenbedingungen via E-Mail hat in diesem Zusammenhang wenig Sinn und würde mehr Fragen aufwerfen, als Antworten geben können. Daher konzentrie-ren wir uns hier auf den telefonischen Erstkontakt. Ziel des Erstkontaktes für den Anfragenden ist es in der Regel, zu erfahren, ob Sie als Coach infrage kommen und wie der Prozess des Team-Coachings aussehen kann. Die erste Frage wird man per Telefon nicht ausreichend klären können, dazu bedarf es in der Regel des persönlichen Kontaktes. Die zweite Frage sollten Sie in einfachen und kla-ren Worten beantworten können. Immerhin sind Sie der Experte für den Prozess und da die Frage nicht überraschend kommt, können Sie entsprechend vorbereitet sein. Eine mögliche Antwort auf die Frage finden Sie weiter unten. Zuerst einmal schauen wir uns die Ziele für den telefonischen Erstkontakt aus unserer Sicht, aus Sicht des Coaches, an. Am Ende des Gesprächs sollten folgende Ziele erreicht sein:

1. eine Klärung für sich selbst, ob Sie den Auftrag annehmen möchten oder eher nicht
2. einen Eindruck über die organisationalen Rahmenbedingungen und den Anlass des Team-Coachings zu haben
3. eine Terminvereinbarung zu einem persönlichen Gespräch.

© Springer Fachmedien Wiesbaden GmbH, ein Teil von Springer Nature 2019
J. Middendorf und B. Furman, *Lösungsorientiertes Team-Coaching*, essentials,
https://doi.org/10.1007/978-3-658-26540-3_3

Dazu können Sie auf jeden Fall folgende Fragen während des Telefonats klären:

- Wer ist der Anrufer? Damit Sie wissen, in welcher Rolle der Anrufer sich bei Ihnen meldet.
- Was ist der Anlass des Anrufs? Damit Sie eine erste inhaltliche Orientierung bekommen.
- Wer weiß von diesem Anruf? Damit Sie einschätzen können, wie der Informationsstand der Beteiligten ist.
- Wie viele Leute und Organisationseinheiten sind involviert? Damit Sie sich einen Eindruck über den Umfang des Team-Coachings machen können.
- Was wurde bisher schon zu dem anstehenden Thema unternommen? Damit Sie eine erste Einschätzung zur Historie der möglichen Lösungsversuche bekommen.

Diese Informationen sollten ausreichen, um am Telefon einschätzen zu können, ob dies ein Fall ist, den Sie auch bearbeiten möchten beziehungsweise können. Vor allem dienen die Informationen für einen ersten Eindruck, ob es sich um ein Anliegen für ein Team-Coaching oder eine Mediation handelt. Gerne fragen potenzielle Auftraggebende ein Team-Coaching oder eine Teamentwicklung an und meinen damit die unterschiedlichsten Dinge: Das Zusammenwachsen als Team, die Klärung von Spannungen, den Umgang mit Veränderungen, die Neuorganisation nach einer Organisationsveränderung, die Begleitung des Teams durch eine besondere Phase in der Organisation oder der Teamentwicklung, die Konfliktklärung innerhalb des Teams oder auch die Konfliktklärung zwischen Team und Vorgesetzten. Team-Coaching im Sinne eines Reteaming eignet sich ohne weiteres für alle Anlässe mit Ausnahme einer echten Mediation. Natürlich gibt es auch lösungsfokussierte Mediationen und Reteaming kann auch in diesen Fällen gute Dienste leisten. Gleichzeitig braucht es aber zusätzliche Kompetenzen, um Team-Mediationen durchführen zu können, die in diesem Buch nicht abgedeckt werden. Wir bleiben also hier im weiten Feld der gemeinschaftlichen Bearbeitung von Team-Themen und der Weiterentwicklung des Teams an sich.

Haben Sie im Telefonat den Eindruck gewonnen, dass beispielsweise das Thema, die Branche, das Unternehmen oder die Anzahl der Beteiligten nicht das ist, was Sie machen möchten oder können, dann geben Sie dem Anrufer Hinweise und Tipps, wo er jemand Passenden finden könnte. Das kann aus dem eigenen Netzwerk sein oder vielleicht auch der Hinweis auf einen Coaching-Verband, dem Sie nahestehen.

Wir gehen hier aber einmal davon aus, dass die Anfrage sich so anhört, als wäre es genau das, was Sie gerne tun. Dann wäre es wahrscheinlich an der Zeit, dem Anrufer Ihre allgemeine Arbeitsweise zu beschreiben, also auf die Frage nach dem Prozess zu antworten. Natürlich haben Sie noch nicht genügend Informationen, um im Detail auf alles einzugehen, was dem Anfragenden wichtig ist, doch sind Sie in der Regel in der Lage, zu beschreiben, wie „üblicherweise" der Ablauf sein kann.

Beispiel

Vielen Dank für diesen ersten Eindruck zum Team XY. Sie hatten gefragt, wie ich an das Thema herangehen würde und darauf möchte ich kurz eingehen. In der Regel steht als nächster Schritt ein persönliches Gespräch zwischen uns an, in dem wir das weitere Vorgehen im Detail besprechen können. Bei der Gelegenheit werden Sie einen Eindruck gewinnen, ob Sie mit mir als Person zusammenarbeiten wollen. Ich werde im Gespräch mehr über das Team und die beteiligten Personen erfahren. Falls wir zu dem Entschluss kommen, dass wir miteinander arbeiten wollen, würden wir dann versuchen, ein gemeinsames Vorgehen für das Team-Coaching/die Teamentwicklung/XY? festzulegen.

Wichtig ist mir dabei vor allem, noch einmal das genaue Ziel und die Ausrichtung des Workshops zu verstehen. Die Ausrichtung des Workshops würden wir in einer Art Motto festhalten, unter dem der erste Workshop stattfinden soll.

Der erste Workshop im Rahmen des Team-Coachings selbst wird zwischen anderthalb und zwei Tagen dauern. Wichtig ist, dass der Workshop in ruhiger ungestörter Atmosphäre außerhalb der Organisation stattfinden kann. Die Übernachtung spielt dabei eine wesentliche Rolle. Zum einen ergeben sich bei Einzelnen oder Gruppen über Nacht oft noch Dinge, die am anderen Tag aufgearbeitet werden können. Schließen wir so einen Workshop innerhalb eines Tages ab, so laufen wir Gefahr, dass am nächsten Tag der notwendige Diskussionsbedarf nicht adäquat aufgefangen werden kann. Zum anderen ist ein gemeinsamer Abend in netter Atmosphäre oft ein wichtiges positives Gruppenerlebnis, dass den Team-Prozess unterstützt. Wie wir nach dem Workshop weiterarbeiten werden, wann zum Beispiel ein Review stattfinden soll, würden wir gemeinsam im Workshop besprechen.

Der gesamte Workshop wird darauf ausgerichtet sein, konstruktive Wege und Vorgehensweise für die Zukunft zu schaffen. Wir werden sicherlich auch kurz in die Vergangenheit schauen, uns aber nicht lange mit der Aufklärung der Historie aufhalten. Dies ist oft sehr zeit- und energieraubend und bringt uns der erwünschten Zukunft nicht viel näher. Viel wichtiger wird es sein, eine Übereinkunft über das zu bekommen, was wir in Zukunft erreichen und

tun wollen. Am Ende des Workshops stehen dann natürlich konkrete Vereinbarungen, wie das Team weiter vorgehen möchte. Dabei stehen kleine, konkrete Schritte im Vordergrund, die auf jeden Fall erfolgreich umgesetzt werden
können, anstatt große Veränderungen und Umwälzungen, die das Team schnell
überfordern könnten. Aber das schauen wir uns dann im Workshop noch
genauer an.

Abschließend würde ich den Workshop anhand eines Fotoprotokolls dokumentieren und mit Ihnen nachbesprechen.

Das wäre, in groben Zügen, dass allgemeine Vorgehen bei einem solchen
Workshop.

Wenn der Anfragende noch weitere Fragen hat, werden diese natürlich
beantwortet. Wichtig ist nun, zu entscheiden, ob man sich zu einem ersten
persönlichen Treffen verabredet oder eher nicht.

3.2   Und wenn nicht die Teamleitung anruft?

Wenden wir uns nun dem zweiten Fall zu, der häufig während der Kontaktauf-
nahme stattfindet: Sie bekommen einen Anruf aus der Personalabteilung der
betroffenen Organisation. Dies kann die Personalleitung, ein HR-Business-Part-
ner oder ein Personalentwicklungs-spezialist aus der Organisation sein. Dies
hängt von der Größe und Struktur der Organisation ab. Je nachdem welche Art
Personaler anruft, werden Sie mit unterschiedlichem Vorwissen in Bezug auf
Team-Coaching oder Teamentwicklung rechnen können. Wobei mehr Vorwissen
nicht immer einfacher sein muss. Je mehr Vorwissen vorhanden ist, desto klarer
wird das Bild des Personalers darüber sein, wie ein Team-Coaching auszusehen
hat. Sollte das mit Ihrem Verständnis übereinstimmen, gibt es kein Problem. Sollten das Verständnis allerdings ein anderes sein, so müssen Sie erst einmal Über-
zeugungsarbeit leisten, dass Sie wirklich wissen, worüber Sie reden.

Auf jeden Fall gilt es zu klären, in welcher Rolle der Personaler anruft. Soll er
nur einen passenden Coach oder Moderator finden und zieht sich dann aus dem
Prozess zurück? Ist er darüber hinaus auch Vertragspartner? Möchte der Personaler in den gesamten Prozess involviert werden? Wenn ein Personaler anruft,
ist es oft so, dass er/sie zumindest beim Erstgespräch mit der Teamleitung dabei
sein möchte. Spätestens jetzt gilt in diesem Gespräch zu klären, welche Rolle der
Personaler einnimmt. Teilnehmen am Workshop sollten Vertreter der Personalabteilung in der Regel nicht, da sie nicht Teil des Teams sind, aufgrund ihrer

Rolle die Arbeitgeberseite vertreten und in den Augen vieler Mitarbeiter eng im Zusammenhang mit disziplinarischen Maßnahmen (Verwarnung, Abmahnung, Einträge in die Personalakte, etc.) stehen, was in der Regel nicht die Offenheit in Diskussionen fördert.

Was für den Anrufenden aus dem Personalbereich aber natürlich genauso wichtig ist, wie für die anrufende Teamleitung, ist die Beschreibung Ihres allgemeinen Vorgehens in einem solchen Fall. Ziel des Gesprächs sollte auch in diesem Fall das persönliche Treffen mit der Teamleitung und gegebenenfalls dem Personaler sein.

3.3 Der persönliche Erstkontakt

Es wurde ein persönliches Erstgespräch vereinbart und Sie treffen die Führungskraft des Teams, um das es gehen wird. In der Regel beginnt das Gespräch mit einer nochmaligen persönlichen Vorstellung. Sie haben Gelegenheit, sich und ihre Erfahrung vorzustellen und auch die Führungskraft kann Ihnen einen Eindruck über seinen beruflichen Weg bis hin zur aktuellen Situation schildern. Für Sie kann es dabei durchaus hilfreich sein, einschätzen zu können, wie erfahren ihr Gegenüber in Sachen Personalführung ist, wie lange die Führungskraft schon das Team leitet und ob es besondere Team-Konstellationen gibt, die einen Anteil an der aktuellen Situation haben.

Die Vorstellung der Führungskraft geht oft ziemlich nahtlos in die Beschreibung der Situation und des Teams über. Dabei ist es hilfreich, wenn Ihnen ein Organigramm mit den Namen aller Team-Mitglieder zur Verfügung steht. Sollte das nicht schnell auszudrucken sein, so kann die Führungskraft dies in der Regel schnell auf ein Blatt Papier zeichnen. Es geht dabei weniger um eine genaue Beschreibung einzelner Personen, sondern darum, die Art der Zusammenarbeit und gegenseitige Abhängigkeiten zu verstehen. Hier kann man sich auf die Kompetenzen und Ressourcen des Teams konzentrieren. Somit erhält die Führungskraft gleich einen Eindruck davon, was für Sie wichtig ist und wie Sie arbeiten.

Ziel ist es nicht, eine erste Team-Diagnose durchzuführen oder die Probleme des Teams zu ergründen. Es geht darum, ein erstes Bild darüber zu erhalten, wen Sie im Workshop antreffen werden. Dies kann wichtig sein in Bezug auf die Raumgestaltung, Planung von Gruppenarbeiten mit entsprechendem Material (Anzahl der Flip Charts…) sowie die Möglichkeiten Sub-Teams zu bilden, wenn es viele unterschiedliche Themenstellungen gibt, die nur für Teile der Gruppe von Interesse sind. Es geht also mehr um die Daten zur Gestaltung des Rahmens und weniger um inhaltliche Informationen zu einer möglichen Analyse der Team-Situation. Nachdem Sie die grundlegende Team-Konstellation glauben verstanden zu haben, gilt es als nächstes zu klären, was genau das Ziel der Zusammenarbeit sein soll. Dies kann je nach Anlass für den Workshop sehr unterschiedlich sein, doch ist es hilfreich, zwei oder drei Zielerreichungskriterien für den Workshop mit dem Auftraggebenden festzuhalten. Diese können folgendermaßen aussehen:

- Klärung und Ausräumen der Spannungen der Teammitglieder untereinander
- konkrete Vereinbarung über eine verbesserte Zusammenarbeit
- sichtbare Unterstützung aller Team-Mitglieder für den Neuanfang

Neben den Zielen für den Workshop ist es ebenso wichtig, dass die Führungskraft des Teams versteht, dass mit dem ersten Workshop nur ein Prozess angestoßen wird, der sich dann im Alltag fortsetzen soll.

Beispiel

Wenn wir davon ausgehen, dass der Workshop erfolgreich war und konkrete Vereinbarungen getroffen wurden, so ist es von Bedeutung, dass dieses positive Moment dann auch aufrechterhalten wird. Diese Aufgabe bleibt beim Team, aber vor allem auch bei Ihnen als Führungskraft. Ich kann Sie und das Team gerne, wenn das gewünscht ist, in einem Review unterstützen. Doch die eigentliche Veränderung soll ja im Alltag erfolgen und dies wird gefördert, in dem nach dem Workshop die Aufmerksamkeit auf die positiven Veränderungen gelegt wird. Das entspricht auch unserer grundsätzlichen Ausrichtung für solche Workshops, dass wir eher nach vorne schauen und uns auf die positiven Ansätze im Team konzentrieren. Wenn wir im Workshop versuchen, die Ursachen zu klären, so kommt es in der Regel dazu, dass sich einzelne Team-Mitglieder angegriffen fühlen, sich verteidigen und damit aus der gemeinsamen Lösungssuche aussteigen. Sie können innerlich erst dann wieder richtig einsteigen, wenn der – wie auch immer verklausulierte – Vorwurf der Schuld, nicht mehr besteht. Bleibt die Schuldfrage im Raum, geht das Buhmann-Spiel von vorne los. Ein Teufelskreis, der das Team nicht weiterbringt. Wir werden im Workshop daher recht bald auf die erwünschte Zukunft des Teams eingehen, beziehungsweise bestehende Probleme in Ziele übersetzen und herausfinden, welche gemeinsamen Ziele für das Team lohnend erscheinen. Wenn wir uns auf ein Ziel konzentrieren, gibt es keine Schuldigen mehr, keine Schuldzuweisungen mehr. Es gibt nur noch am Ziel mitwirkende Team-Mitglieder.

Hier wird die Führungskraft sicherlich noch die ein oder andere Nachfrage habe. Letztendlich möchte die Teamleitung sich in guten Händen wissen und das Gefühl haben, dass Sie der Aufgabe gewachsen sind. Daher ist es wichtig, dass Sie authentisch über Ihre Erfahrungen, aber auch über die Möglichkeiten und Grenzen eines solchen Workshops sprechen können. Des Weiteren kann auch eine vereinfachte Visualisierung die Vorteile einer Lösungsorientierung gegenüber einer Problemorientierung deutlich machen, anhand derer die grundsätzliche Ausrichtung des Workshops erläutert werden kann (s. Abb. 3.1).

Lässt sich die Teamleitung grundsätzlich auf den vorgeschlagenen Weg ein, so gilt es dann, das weitere Vorgehen zu organisieren. Aufgabe der Führungskraft ist es, die Teilnehmenden des Workshops über den Termin und Rahmen des Workshops zu informieren beziehungsweise beides mit dem Team abzustimmen. Schicken Sie der Teamleitung auch ein kurzes Profil zu Ihrer Person sowie Ihre Webadresse, damit die Teammitglieder sich noch einmal über Sie informieren können, ohne eine Suchmaschine bemühen zu müssen.

Ihre Aufgabe ist es, ein abschließendes Angebot inklusive einer groben Agenda für den Workshop an die Teamleitung zu schicken.

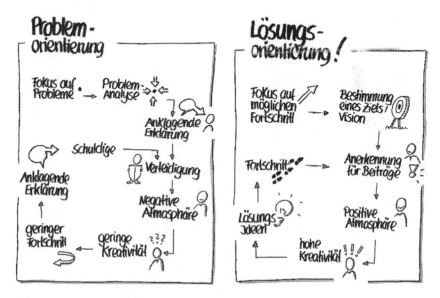

Abb. 3.1 Problem- und Lösungsorientierung

Beispiel einer Grob-Agenda
Begrüßung
Vorstellung einmal anders
Überprüfung des Workshop-Mottos
Unser Zielbild
Zielfokussierung
Nutzenüberprüfung
Ressourcenüberprüfung
Nächste Schritte
Strategien gegen Rückschläge

Eine solche Agenda hängt immer ein wenig von der konkreten Zielstellung und der Ausgangslage des Teams ab und kann daher variieren. Sie sollte aber nicht zu detailliert sein und vor allem keine Zeiten beinhalten. Beides würde Sie als Coach zu sehr einengen. Es sind auch nicht alle zwölf Schritte des Reteaming aufgeführt, damit Sie im Ablauf und der Ausgestaltung flexibel auf den Teamprozess eingehen können.

Beginn des Team-Coachings

4.1 Joining

Der Beginn des Workshops dient dem sogenannten Joining und der Orientierung der Teammitglieder. Joining bedeutet, dass eine positive Anfangsbeziehung zwischen dem Coach und den Teammitgliedern hergestellt wird, um so zu einem ersten Arbeitsbündnis zu kommen. Dabei kommt der grundlegenden Atmosphäre im Reteaming-Workshop eine besondere Bedeutung zu. Damit das lösungsfokussierte Vorgehen gleich erfahrbar wird, beginnen wir nach der eigenen kurzen Vorstellung des Coaches mit einer Vorstellungsrunde der besonderen Art. Sie findet oft schon vor dem Vorstellen der Agenda und dem Festhalten möglicher Spielregeln für den Workshop statt.

> **Beispiel**
>
> Mein Name ist Jörg Middendorf. Ich bin Diplom-Psychologe mit dem Schwerpunkt Organisationspsychologie und lebe mit meiner Familie in Köln. Ich komme ursprünglich aus dem Bereich der Industrie, wo ich in der Personalentwicklung gearbeitet habe. Anschließend war ich als interner Coach bei einer internationalen Unternehmensberatung tätig. Die Arbeit mit Menschen und vor allem mit Teams zu den unterschiedlichsten Anlässen begleitet mich also schon mein ganzes Berufsleben.
>
> Bevor ich etwas über den Workshop im Allgemeinen, die Agenda und die Organisation des Workshops sage, würde ich gerne etwas über Sie erfahren.

Damit ist die Überleitung zu den Teammitgliedern bereits geschaffen. Ziel dieser kurz gehaltenen Selbstvorstellung ist, dass innerhalb der ersten Minuten des Workshops jedes Teammitglied einmal etwas laut im Trainingsraum gesagt

© Springer Fachmedien Wiesbaden GmbH, ein Teil von Springer Nature 2019
J. Middendorf und B. Furman, *Lösungsorientiertes Team-Coaching*, essentials,
https://doi.org/10.1007/978-3-658-26540-3_4

haben soll, um im Raum wirklich anzukommen und von den anderen auch wahrgenommen zu werden. Daher ist es sinnvoll, dass Sie als Moderator nicht allzu lange selbst sprechen. Um die Teammitglieder an dieser Stelle zu Wort kommen zu lassen, empfiehlt sich in der Regel nicht die klassische Erwartungsabfrage, da bisher zu wenig über den Rahmen und die vorbereitete Agenda gesprochen wurde. Vielmehr soll an dieser Stelle schon Lösungsfokussierung erfahrbar gemacht werden:

> **Beispiel**
>
> Ich möchte Sie nun bitten, sich vorzustellen. Aber keine Sorge, Sie müssen nicht viel über sich selbst erzählen. Nennen Sie mir bitte nur Ihren Namen und Ihre Funktion. Alles andere werden mir Ihre Kollegen und Kolleginnen hier im Raum berichten. Wir fangen gleich hier vorne links mit Ihnen an. Nachdem Sie Ihren Namen und Ihre Funktion im Team genannt haben, möchte ich die anderen bitten, mir zwei oder drei Stärken von Ihnen zu nennen, die wir im weiteren Workshop vielleicht noch gut brauchen können. Es müssen nicht alle Stärken von Ihnen sein – das würde wahrscheinlich zu lange dauern. Zwei, drei Stärken pro Person reichen mir schon für einen ersten Eindruck. Gut, dann fangen wir mit Ihnen an. Ihr Name ist?

Nun beginnt die erste Person im Sitzkreis und nennt ihren Namen und ihre Funktion. Danach blicken Sie in die Runde und warten, bis die ersten Stärken genannt werden. Oft sind es drei, vier oder mehr Stärken, die genannt werden. Lassen Sie es als Coach nicht zu viele Stärken werden (nicht mehr als fünf), da dies den Druck für die weiteren Personen in der Reihe erhöhen kann. Während dieser Vorstellungsrunde passiert es, dass die meisten Teammitglieder zum ersten Mal überhaupt von ihren Team-Kollegen öffentlich hören, wofür sie geschätzt werden. Allein diese Einstiegsübung ist für die meisten Teammitglieder schon eine ganz besondere Erfahrung und macht ihnen deutlich, dass dieser Workshop ein wenig anders ablaufen könnte, als die bisherigen Workshops des Teams. Neugier und Offenheit werden gefördert und bereiten den Boden für das weitere Vorgehen.

Nach einem kurzen Dank an die Gruppe, dass sie sich auf diese erste Übung eingelassen zu hat, stellen Sie nun die Philosophie des Workshops vor:

> **Beispiel**
>
> Wie Sie an dieser Vorstellungsrunde gemerkt haben, legt dieser Workshop ein besonderes Augenmerk auf die Dinge, die jede Einzelne und jeder Einzelne positiv zum Gelingen beitragen kann. Zusätzlich zeigt auch der Titel (= das Motto) des Workshops in Richtung Zukunft „Gemeinsam besser werden".

Dazu werden wir im Workshop nicht in erster Linie den Blick zurück richten und schauen, was alles nicht funktioniert hat, sondern wir schauen nach vorne und besprechen, wie wir gemeinsam arbeiten wollen und was jeder dazu beitragen kann.

Ich möchte diesen Ansatz gleich mit Hilfe von zwei Flip-Charts erläutern (s. o. Abb. 3.1 Problemorientierung, Lösungsorientierung). Stellen Sie sich aber zunächst vor, dass Ihr Auto streikt. Es kommt weißer Dampf aus dem Motorraum und der Motor läuft nicht mehr richtig. Ein Mechaniker schaut sich das Problem genau an und kommt zu dem Schluss, dass die Zylinderkopfdichtung kaputt ist. Er wechselt die Dichtung aus und alles läuft wieder. Problem gelöst! Dieser Ansatz ist den meisten von uns sehr vertraut: Wir haben ein Problem, suchen nach der Ursache und lösen dann das ursächliche Problem. Das funktioniert oft sehr gut – allerdings vor allem mit Maschinen. Mit Menschen funktioniert das weniger gut.

Schauen Sie sich bitte einmal diese Flip-Chart (siehe Abb. 3.1 Problemorientierung) an. Wir sind darauf trainiert, Fehler zu entdecken und Probleme zu sehen. Haben wir ein Problem entdeckt, analysieren wir es, um die Ursache zu finden. Wie in unserem Beispiel mit dem Motor. In Gruppen führt dies aber dazu, dass wir eine Erklärung für das Problem finden, die automatisch auch eine Anklage enthält. „Der Außendienst hat die Vorgaben nicht umgesetzt, der Innendienst hat das Material nicht korrekt vorbereitet, die IT versteht das Geschäft nicht, der Funktionsbereich versteht die IT nicht und kommt mit unsinnigen Anforderungen, das Top-Management lebt im Elfenbeinturm, das mittlere Management blockiert, die Mitarbeiter sind veränderungsresistent usw….“ Ich nehme an, dass Ihnen ähnliche Geschichten vertraut sind. Die so Angesprochenen lehnen diese Anklage beziehungsweise Erklärung für das Problem natürlich ab und verteidigen sich. Am besten gleich mit einer Gegenerklärung, soll heißen mit einer Gegenanklage. Dies führt zu negativer Stimmung, geringerer Kreativität und damit zu geringem Fortschritt. Nach kurzer Zeit geht es dann mit der Suche nach den Gründen für den geringen Fortschritt weiter. Hat man die Gründe gefunden, beginnt der Teufelskreislauf der Problemorientierung erneut mit einer anklagenden Erklärung…

Auf die Suche nach dem Schuldigen würden wir heute gerne verzichten und gehen daher lösungsorientiert vor (siehe Abb. 3.1 Lösungsorientierung). Wir richten den Fokus von Anfang an auf Fortschritt und die Entwicklung einer gemeinsamen Team-Vision, einem Zielbild zur erwünschten Zukunft. Haben wir uns auf dieses Zielbild geeinigt, überlegen wir gemeinsam, wer welchen Beitrag dazu leisten kann und wo wir bereits in Richtung erwünschte Zukunft unterwegs sind. Dies führt in aller Regel zu einer besseren Atmosphäre, hoher Kreativität, nachhaltigen Lösungsansätzen und dem entsprechenden Fortschritt sowie Anerkennung für die Beiträge zu diesem Fortschritt. Wir sind in der Lösungsorientierung angekommen! Auch das ist viel Arbeit, aber es macht auf jeden Fall mehr Spaß und ist nachhaltiger, als der problemorientierte Ansatz.

Abschließen möchte ich die Erläuterung des Workshop-Ansatzes mit einem Zitat von Ben Furman und Tapani Ahola, die dieses Vorgehen entwickelt haben: „Keiner ist (allein) für das Problem, aber alle sind für die Lösung verantwortlich" (Abb. 4.1).

Dieser kleine Vortrag hilft den Teilnehmenden, alle weiteren Aktionen und gemeinsamen Schritte im Workshop besser einordnen zu können. Sollten jetzt Fragen zum Ansatz auftauchen, werden diese natürlich von Ihnen beantwortet.

Ziel dieser Phase ist es, eine allgemeine Zustimmung zu der Workshop-Philosophie zu bekommen, ohne eine ausführliche und längliche Grundsatzdiskussion über die Methode selbst. Sehr häufig wird der Ansatz schnell akzeptiert. Sollte es nachhaltigere Zweifel geben, können Sie auch die Gruppe bitten, sich auf dieses *Experiment* einzulassen und Ihnen als Moderator und Coach der Veranstaltung in Bezug auf die Methode zu vertrauen. Im Laufe des Workshops merken die meisten Teilnehmenden sehr schnell, welche Vorteile dieses Vorgehen hat. Gleich-

Abb. 4.1 Jeder ist für die Lösung verantwortlich

zeitig wird es immer einzelne Teilnehmende geben, die sich nur ungern von der gewohnten problemorientierten Vorgehensweise abbringen lassen. Dann hilft es in der Regel, die Bedenken in die Gruppe zu tragen und nicht in den Dialog mit den Skeptikern zu gehen. Geht man zu schnell in den Dialog mit den Personen, die nachhaltig Bedenken äußern, kann es passieren, dass sich andere Teilnehmende zurücklehnen und sich das Schauspiel erst einmal ansehen. Nimmt man die Bedenken dagegen auf und fragt die Gruppe nach ihrer Meinung, kommt in der Regel der Wunsch der Gruppe nach dem lösungsorientierten Vorgehen klar heraus, sodass es auch den Skeptikern leichter fällt, sich auf das Experiment einzulassen. Nach dieser Vorstellung der Workshop-Philosophie folgt eine kurze und gemeinsame Festlegung der Spielregeln für den Workshop, damit alle Teilnehmenden einen sicheren Rahmen für die Veranstaltung haben. Typische Spielregeln sind:

- Vertraulichkeit zu allen personenbezogenen Themen
- Respektvoller Umgang miteinander
- Mobiltelefone werden nur in den Pausen genutzt

Welche Regeln genannt werden, hängt häufig von den bisherigen Erfahrungen in der Gruppe ab. Im Sinne einer gemeinsamen Arbeitsgrundlage werden alle Regeln aufgeschrieben, die Teilnehmenden wichtig sind und zu denen es kein Veto von anderen Teilnehmenden gibt. Oft dauert das Sammeln der Spielregeln nur etwa fünf Minuten. Anschließend wird die Agenda vorgestellt und das Workshop-Motto- abgesegnet.

Agenda und Motto
Zu der Vorstellung gehört auch schon das Willkommensplakat (s. Abb. 4.2), da es ja den Titel der Veranstaltung enthält. Dieser Titel ist im Vorfeld mit der Führungskraft des Teams besprochen worden. Es ist das schon erwähnte Motto, unter dem der gesamte Workshop stehen soll. Das Motto soll positiv, in die Zukunft ausgerichtet und allgemeingültig sein, damit sich möglichst alle Teammitglieder darin wiederfinden können. In neun von zehn Fällen ist es so etwas wie „Zusammenarbeit verbessern". Dafür gibt es mehrere Gründe:

- Dieser Titel ist so offen, dass er alle Teammitglieder ansprechen kann und keinen explizit ausschließt.
- Die Führungskraft des Teams kann sich am Anfang wenig unter dem Ablauf des Workshops vorstellen und kann damit auch nur recht unspezifisch den Titel für die Veranstaltung wählen.

Abb. 4.2 Willkommensplakat

- Da der Anlass ein negativer ist, das Willkommensplakat aber eine positive Ausrichtung widerspiegeln soll, geht es in der Regel eben um das Team, dessen Zusammenarbeit (Abstimmung, Kommunikation, etc.) und eine Verbesserung derselben.

Dieses Motto ist eine Art Vor-Kontrakt, der ja nur zwischen Teamleitung und dem Team-Coach besprochen wurde. Jetzt gilt es, diesen Vor-Kontrakt mit dem gesamten Team noch einmal zu verifizieren oder zu ändern. Auf der Grundlage des gemeinsamen Mottos wird dann die Vision des Teams entwickelt werden.

Beispiel
Ihr Workshop wurde ja unter das Motto „Gemeinsam immer besser werden" gestellt. Was das genau bedeutet und wie das genau aussehen soll, wird im Laufe unseres Workshops noch geklärt. Doch bevor wir damit beginnen, würde ich gerne von Ihnen erfahren, ob das Motto Ihnen überhaupt sinnvoll erscheint oder ob man es noch anpassen sollte?

Häufig genug kommt eine generelle Zustimmung, da das Motto so allgemein und positiv ist, dass sich die allermeisten Teammitglieder damit anfreunden können. Sollte dies nicht der Fall sein, gilt es weiter an dem Motto zu arbeiten. Erst danach kann die gemeinsame Team-Vision entwickelt werden (Abschn. 5.1). Dass eine Änderung des Mottos gewünscht wurde, ist mir allerdings noch nicht begegnet. Dafür hat der Titel/das Motto wohl nicht genügend Bedeutung am Anfang eines solchen Workshops. Dagegen ist der Wunsch nach einem konkreten Einstieg in die Workshop-Arbeit umso größer. Also geht es gleich weiter mit der Vorstellung der Agenda (s. Abb. 4.3). Die ist in der Regel so allgemein, dass auch hier nur selten Fragen aufkommen.

Dennoch sollte natürlich Raum für Fragen und/oder Kommentare gelassen werden, auf die Sie eingehen. Wichtig ist bei einem solchen Workshop, dass am Anfang zu große Geschwindigkeit oder operative Hektik herausgenommen wird. Das erleichtert es allen Beteiligten, im Workshop anzukommen. Auf der anderen Seite ist dies auch eine Geduldsprobe für die Teammitglieder, die besonders ziel- und ergebnisorientiert sind und den Prozess schnell vorantreiben möchten. Diese Teammitglieder holt man am besten durch einen Hinweis auf die klare Struktur des Workshops ab.

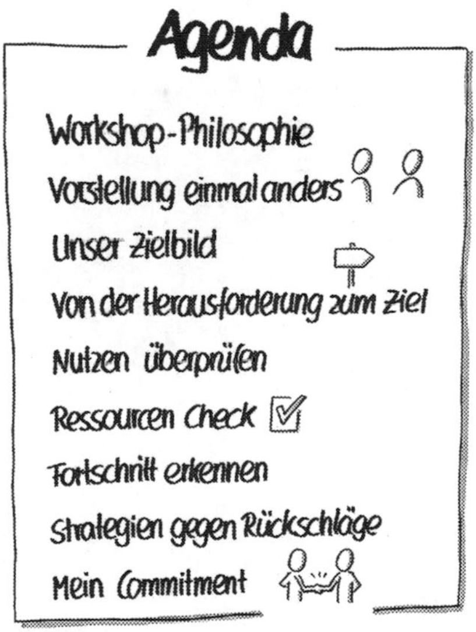

Abb. 4.3 Allgemein gehaltene Agenda

4.2   Checkliste: Flip-Charts und Material zum Beginn

- Zwei Flip-Charts auf der folgende Flips verteilt sind:
- Flip: Willkommen
- Flip: Problem- und Lösungsorientierung (siehe Abschn. 3.3)
- Flip: „Keiner ist (allein) für das Problem, aber alle sind für die Lösung verantwortlich"
- Flip: Spielregeln
- Flip: Agenda

Ablauf 5

5.1 Unsere Vision

Das Lösungsfokussierte Coaching (LF Coaching) ist immer ein Coaching zur erwünschten Zukunft. Daher ist es nur konsequent, dass wir genau hier starten. In der Zukunft! Dieser Schritt im Reteaming ähnelt also nicht zufällig dem ersten Schritt im LF Einzel-Coaching. Dort wird zu Beginn gefragt: „Was ist Ihre kühnste Hoffnung in Bezug auf die Auswirkungen unseres Gesprächs für den Alltag?" (siehe D. Meier und P. Szabó 2008).

In dem folgenden Dialog wird dann die erwünschte Zukunft des Klienten Schritt für Schritt detailliert herausgearbeitet. Natürlich müssen wir im Team-Coaching gruppendynamische Prozesse und die Gruppenmotivation berücksichtigen. Daher konzentrieren wir uns zuerst auf die im Team stattfindende Diskussion um die allgemeine Team-Vision und gehen erst in einem zweiten Schritt auf eine detailliertere Beschreibung der erwünschten Zukunft ein.

Es geht an dieser Stelle übrigens nicht um die SMARTe Zielformulierung (SMART = spezifisch, messbar, ambitioniert, realistisch und terminiert), wie sie in vielen Organisationen bekannt ist, sondern es geht um die Beschreibung eines erwünschten, idealen Zukunftsbildes, welche eine hohe Anziehungskraft für das ganze Team hat. Hier liegt der Grundstein für den gesamten Reteaming-Prozess. Das Bild der erwünschten Zukunft soll natürlich positiv aussehen. Das heißt, es soll ein positiver Zustand beschrieben werden und nicht die Abwesenheit von etwas (keine Negation). Wir etablieren dazu einen sogenannten „Als-ob-Rahmen": „Lasst uns einmal so tun, als ob das Team schon seine erwünschte Zukunft erreicht hat."

© Springer Fachmedien Wiesbaden GmbH, ein Teil von Springer Nature 2019
J. Middendorf und B. Furman, *Lösungsorientiertes Team-Coaching,* essentials,
https://doi.org/10.1007/978-3-658-26540-3_5

- Wie genau sieht das dann aus?
- Was macht das Team dann anders als heute?
- Was machen die einzelnen Team-Mitglieder?
- Woran wird man festmachen, dass man die erwünschte Zukunft erreicht hat?
- Wie fühlt es sich an Teil dieses Teams zu sein?
- Was ist das Beste daran die Vision erreicht zu haben?
- Wie reagieren andere auf das Team?
- Was hat das Team durch diese erwünschte Zukunft für sich geschafft? Was erreicht?
- Welche Kompetenzen hat das Team in dieser Zukunft weiter ausgebildet?
- Wofür steht das Team? Woran macht kann man das festmachen?

Trotz all dieser Fragen zur Ausgestaltung der erwünschten Zukunft geht es nicht um die Formulierung eines SMARTen Ziels. Wir sind bei der Entwicklung einer Vision von allen Team-Mitgliedern für das gemeinsame Team. Es geht vielmehr um eine attraktive „Story" zur Zukunft des Teams. Wesentlich sind die positive Ausrichtung und die motivierende Wirkung dieser Vision. Eine vorschnelle Detaillierung der Vision in Richtung eines SMARTen Ziels wäre an dieser Stelle eine Überforderung für die meisten Teams und würde die Team-Dynamik schnell in unruhiges Fahrwasser bringen. Die erwünschte Zukunft lebt hier von der Lust auf die gemeinsame Vision.

Beispiel

Was genau heißt für Sie als Team „Motto XY"? Ich möchte Sie bitten, gedanklich einmal in die Zukunft zu gehen. Stellen Sie sich vor, dass sich ihre kühnsten Hoffnungen in Bezug auf diesen Workshop erfüllt haben, das Motto alltägliche Praxis geworden ist und Sie voll und ganz mit sich, dem Team und der Arbeit zufrieden sind. Wie genau sieht diese rosige Zukunft aus? Was ist jetzt anders im Vergleich zu heute? Was noch? Was noch? Was noch? Wie würden Sie einem Bekannten beschreiben, der nicht in der gleichen Organisation arbeitet wie Sie, was das Team so besonders macht? Was noch? Was noch? Was noch? Falls Ihnen eher einfällt, was nicht mehr sein sollte, überlegen Sie, was stattdessen sein wird. Beschreiben Sie, wie es sich anfühlt, in der erwünschten Zukunft angekommen zu sein, wie Sie sich verhalten, wie das Team sich verhält und was es besonders macht, als Team in dieser Zukunft erfolgreich zu sein.

Bitte nehmen Sie sich einen Moment Zeit, Moderationskarten und Stifte. Schreiben Sie alle wichtigen Aspekte Ihres Zukunftsbildes auf jeweils eine Karte und hängen Sie diese an die Pinnwand.

Variante: Bitte nehmen Sie sich die ausliegenden Wachsmalstifte und gehen zu dem auf dem Tisch liegenden Pinnwandpapier. Malen Sie ein Bild dieser wünschenswerten Zukunft. Es muss kein Kunstwerk werden. Malen Sie gemeinsam, wie und was Sie wollen, sodass wir dann eine gemeinsame Vorstellung Ihrer erwünschten Zukunft als Team erhalten. Nehmen Sie sich dafür ein halbe Stunde Zeit. ...

Danke sehr! Was sehe ich auf Ihrem Bild? Können Sie es bitte für mich erläutern?

Vielleicht ist Ihnen im Formulierungsbeispiel oben die häufige Verwendung der Frage „Was noch?" aufgefallen. „Was noch?" ist *die* lösungsfokussierte Frage schlechthin. Da wir davon ausgehen, dass unsere Klienten alle Ressourcen haben, um ihre erwünschte Zukunft zu erreichen, sind offene Fragen ohne versteckte Inhalte oder Hinweise des Fragestellers am besten geeignet, um die Ideen der Klienten zu erfahren. Zusammen mit der Was-noch-Frage gilt die Sechs-Sekunden-Regel. Nachdem man eine Frage gestellt hat, auch eine Was-noch-Frage, wartet man mindestens sechs Sekunden, bevor man noch einmal nachfragt oder seine Frage konkretisiert (Zur allgemeinen Fragetechnik im LF Coaching siehe Jörg Middendorf 2017).

Hat man schließlich die fertige Sammlung von Aspekten der erwünschten Team-Zukunft, so fasst man diese gemeinsam im Plenum zusammen. Ziel ist es nicht, eine in sich vollständige und ausformulierte Beschreibung der erwünschten Zukunft zu erhalten. Es soll eher um die gemeinsame Richtung gehen. Durch die Vorstellung der Aspekte im Plenum wird eine Diskussion über die gemeinsame Ausrichtung der Zusammenarbeit angeregt. Ergänzen Sie wichtige Punkte aus der Diskussion auf der Pinnwand. Analog kann man das gemeinsam gestaltete Bild der erwünschten Zukunft im Plenum besprechen und gegebenenfalls ergänzen. Am Ende dieses ersten Schritts sollte auf jeden Fall auch ein erstes Arbeitsergebnis des Teams stehen: Unsere gemeinsame Vorstellung einer erwünschten Zukunft!

Der Unterschied zu einem problemorientierten Workshop wird an dieser Stelle noch einmal für alle deutlich. In vielen Workshops hätten wir an dieser Stelle eine Sammlung von Problemen auf der Pinnwand, die nun geordnet und zusammengefasst werden würden. Damit würde das Herunterspielen der eigenen Fehltritte und das Betonen der Fehltritte anderer beginnen. Dazu kommt es im Reteaming-Workshop erst gar nicht, da wir als Ausgangspunkt für die weitere Arbeit bereits ein gemeinsames Wollen (erwünschte Zukunft) etabliert haben.

Ja, aber…
Ein Team durch diese Fragen anzuregen, über die eigene erwünschte Zukunft nachzudenken und sich mit den Kolleginnen und Kollegen auf eine Variante zu einigen, hört sich leichter an, als es manchmal ist. Gerade wenn ein Team sich zu einem solchen Team-Coaching entschieden hat, gibt es häufig negative Anlässe, die sich stärker ins Bewusstsein drängen als die Lust, nach einem gemeinsamen Zukunftsbild Ausschau zu halten. Natürlich hilft der positive Workshop-Einstieg, die Erläuterung der Workshop-Philosophie und die Prozesssteuerung durch den Coach. Gleichzeitig ist dies keine Garantie dafür, dass sich das Team auf diesen ungewohnten Weg einlässt. Gerade in Teams besteht die Gefahr, dass sich die Gruppendynamik gegen den Team-Coach richten kann und eine Methodendiskussion beginnt, die von den eigenen Team-Themen ablenkt. Daher gilt es hier, als Coach klar in seiner lösungsfokussierten Haltung zu sein und nicht beim ersten Hindernis auf dem lösungsfokussierten Weg wieder in die Problemanalyse („Was sind denn Ihrer Meinung nach, die Ursachen für Ihre Probleme?") zu gehen, sondern kreativ und flexibel mit der Situation umzugehen. Gleichzeitig gibt es für solche Situationen einen erprobten Einstieg, der manchen Teams leichter fällt. Diese mögliche Variante wird im Folgenden beschrieben.

Variante „Problemtransformation"
Diese Variante im Vorgehen des Reteaming eignet sich vor allem für Teams, die eine Art Denk- und Handlungsblockade erleiden, wenn sie frei und nicht reglementiert über die Zukunft nachdenken und eine gemeinsame Vision entwickeln sollen. Das sind zum Beispiel auch Teams, die kollektiv in die Kaffeepause gehen, wenn Sie gebeten werden mit Stiften gemeinsam eine Pinnwand zu bemalen, um eine Vision durch kreative Schritte zu entwickeln. Auch Teams, die es als unverrückbare Wahrheit ansehen, dass man sich mit dem Problemen beschäftigen muss, damit etwas besser werden kann, gehören dazu Um auch diese Teams abzuholen, ohne sich in einer typischen Problemanalyse zu verfangen, kann man verdeutlichen, dass Probleme und Ziele nur unterschiedliche Perspektiven auf einen gleichen Sachverhalt sind. Jedes Problem ist immer auch gleichzeitig ein Ziel und umgekehrt. Verdeutlicht wird dieser Umstand mit dem folgenden Flip-Chart (s. Abb. 5.1) und ein paar Beispielen, die für jedes Team einfach nachzuvollziehen sind. Dafür wird eine weitere Flip-Chart-Seite in zwei Spalten mit den Überschriften „Problem" beziehungsweise „Ziel" unterteilt (s. Abb. 5.2). Auf die Problemseite werden zwei oder drei Beispiele geschrieben wie „mangelnder Informationsfluss, intransparente Entscheidungsfindung oder ineffektive Besprechungen". Dann wird jedes Problem in ein Ziel übersetzt:

Abb. 5.1 Probleme sind
immer auch Ziele

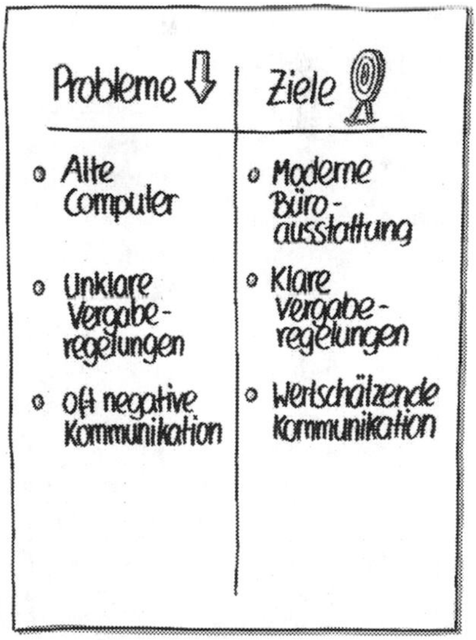

Abb. 5.2 Probleme in
Ziele verwandeln

„Optimaler Informationsfluss", „transparente Entscheidungsfindung" bzw. „effektive Besprechungen".

Auch an dieser Stelle gilt es noch nicht, eine SMARTe Zielbeschreibung festzuhalten, sondern lediglich die Zielseite des Sachverhalts hervorzuheben, damit man nicht in den Teufelskreis der Problemorientierung verfällt, sondern sich auf die gemeinsame Zielerreichung konzentrieren kann.

Für diese Variante ist es besonders wichtig, noch einmal auf das Motto des Workshops Bezug zu nehmen, welches sich ja auf das Team fokussiert. Es geht hier also nicht darum, jedes mögliche Problem der Organisation festzuhalten, sondern es geht um mögliche Probleme, die sich auf die Zusammenarbeit des Teams beziehen. Die Themen müssen also im Einflussbereich des Teams liegen, damit sie auch vom Team erfolgreich bearbeitet werden können. Ansonsten ist die Verführung recht groß, auf der Problemseite zu schreiben „zu viel Arbeit" und auf der Lösungsseite „mehr Leute einstellen". Damit wäre aber nichts gewonnen, da man nur geschickt den „Sündenbock" außerhalb des Teams gefunden hat. Dieses Beispiel beinhaltet noch eine Versuchung. Die Versuchung, nicht die Zielseite des Problems aufzuschreiben, sondern direkt eine Maßnahme mit Blick auf das Problem zu definieren. Wir würden uns so sehr einem normalen problemorientierten Workshop annähern, was definitiv nicht unsere Absicht ist. Stattdessen möchten wir ja ein Bewusstsein dafür schaffen, was wir anstreben. Es geht hier also nicht um Maßnahmen, sondern um die Formulierung des „Was stattdessen" auf eine Problembeschreibung.

Ist der Gedanke, dass ein Problem auch immer gleich ein Ziel ist, verstanden, bekommt die Gruppe die entsprechende Aufgabe:

Beispiel

Bitte bilden Sie eine Gruppe von etwa sechs Personen und finden Sie sich an einem Flip-Chart ein. Jedes Flip-Chart hat eine Tabelle mit der Spaltenüberschrift „Problem" und eine Spaltenüberschrift „Ziel". Bitte sammeln Sie nun in der Gruppe alle Probleme ein, die Ihnen in Bezug auf Ihr Team und das Motto unseres Workshops wichtig erscheinen und schreiben sie diese in Stichworten in die linke Spalte (Problemspalte). Lassen Sie nichts aus und schreiben Sie bitte alles auf. Für jedes Problem, welches Sie aufgeschrieben haben, schreiben Sie bitte direkt in die rechte Spalte das dazugehörige Ziel. Bitte achten Sie darauf, dass das Ziel positiv formuliert wird. Also z. B. „Transparenz" anstelle von „nicht intransparent". Achten Sie bitte auch darauf, dass die Zielformulierung ohne einen Blick auf die „Problemspalte" verständlich sein soll. Also zum Beispiel anstelle von „besser werden" eine konkrete Beschreibung wie „gutes Zeitmanagement in Besprechungen". Sie haben 20 min für diese Aufgabe.

Nach circa 20 min sind die meisten Gruppen fertig, aber natürlich dürfen es auch 30 min werden. Wichtig ist, dass alle relevanten Probleme in den Köpfen der Teammitglieder auf Papier gebracht und in Ziele umgewandelt wurden. Als Coach unterstützen Sie die Gruppen an den Flip-Charts immer wieder dabei:

- … alle Themen (Probleme) aufzuschreiben. „Was noch? Was noch? Was noch?"
- … jedes einzelne Problem in ein Ziel zu verwandeln
- … die Ziele positiv zu formulieren. „Was stattdessen?"
- … die Ziele so zu formulieren, dass sie auch ohne Kenntnis des Problems verständlich sind

Häufig finden die Gruppen im Prozess schon heraus, dass es viel hilfreicher ist, sich über die Ziele zu unterhalten, anstatt über die Probleme. Dann werden oft direkt die Ziele aufgeschrieben und diskutiert, wie das passende Problem betitelt werden könnte. An dieser Stelle können Sie die Gruppen gerne ermutigen, sich auf die Ziele zu konzentrieren und die Problemspalte an dieser Stelle leer zu lassen, da wir sowie so nur mit den Zielen weiterarbeiten werden.

Wenn alle Gruppen fertig sind, geben Sie jeder Gruppe eine Schere und bitten die Gruppenmitglieder das Flip-Chart-Papier in der Mitte in zwei Teile zu schneiden, sodass die Problem- und die Zielspalte getrennt voneinander sind. Sammeln Sie nun alle Problemlisten ein und hängen Sie alle Zielsammlung nebeneinander an eine Pinnwand.

Sobald alle Teilnehmenden wieder im Plenum im Stuhlkreis sitzen, nehmen Sie die Problemlisten und – wenn Sie möchten – einen silbernen Koffer, in dem die Problemsammlung sorgsam verstaut wird.

> **Beispiel**
>
> Wie ich schon zu Beginn unseres Workshops erwähnt habe, werden wir uns hier im Wesentlichen mit Ihren Ideen für die Zukunft beschäftigen und nicht mit einer möglichen Problemanalyse. Daher können wir nun Ihre Probleme verstauen. Dafür habe ich hier meinen silbernen Koffer mitgebracht. Hier sind bereits die Probleme anderer Teams drin und nun kommen Ihre Probleme hinzu. Wenn Sie Ihre Probleme später wiederhaben möchten, sagen Sie einfach Bescheid. Das ist allerdings noch nie vorgekommen. Und falls Ihnen mal die Probleme ausgehen, sagen Sie auch Bescheid. Dann bekommen Sie

einfach ein paar von den Problemen, die andere Teams bereits gesammelt und gelöst haben. Wir arbeiten jetzt aber mit Ihren Zielen weiter!

Mit dieser kleinen Showeinlage ist das Thema Problem und Problemanalyse in der Regel endgültig abgeschlossen und wir können uns ganz der Zielbestimmung für den restlichen Workshop widmen. Wir haben damit allerdings den Schritt Visionsfindung ein wenig abgewandelt und sind gleich auf eine konkretere Ebene gegangen. Die Ebene der Ziele. Ziele sind oft pragmatischer als Visionen, aber häufig auch weniger motivierend. Die bevorzugte Variante sollte also die klassische Visionsentwicklung sein. Das direkte Springen auf die Ebene der Ziele entspringt der Einsicht in die Notwendigkeit, ein spezielles Team dort abzuholen, wo es gerade steht.

> **Achtung**
>
> Achten Sie darauf, dass die Flip-Charts von einem Gruppenmitglied zerschnitten werden. Es sind immerhin deren Arbeitsergebnisse, da wäre es unpassend, wenn Sie die Flip-Charts Ihrer Teilnehmenden zerschneiden. Es ist wichtig, respektvoll mit den Problemsammlungen umzugehen. Auch wenn wir nicht weiter mit den Problemen des Teams arbeiten, so können doch viele Teammitglieder eine starke Bindung zur Problemsicht auf das Team entwickelt haben. Folglich wäre es unsensibel, wenn die Probleme einfach zusammengeknüllt in einem Papierkorb landen.

Als Ergebnis dieser Phase haben wir nun eine lange Liste von Zielen, mit denen wir weiterarbeiten können.

5.2   Unser Ziel

Jede Vision muss in konkretere Ziele heruntergebrochen werden, damit man die Vision auch verwirklichen kann. Haben wir uns bei der Vision noch wenig oder gar keine Gedanken darüber gemacht, was notwendig ist, um die Vision zu erreichen, geht es nun darum, zu überlegen, welche Ziele wir auf dem Weg zur Visionserfüllung erreichen müssen. Ziele in diesem Sinn sind Meilensteine auf dem Weg zur erwünschten Zukunft. Es kann sein, dass das Team seine Kommunikation verändert, neue Kompetenzen aufbaut oder sich auf neue Aufgabenfelder konzentrieren muss, damit diese Zukunft Wirklichkeit wird. Es gibt ebenso bestimmte Ziele, die ich erreichen muss, bevor ich meine erwünschte Zukunft erreichen werde.

Ziele unterteilen den Weg zur erwünschten Zukunft in konkretere und einfach zu erreichende Etappen. Allen Zielen ist daher gemeinsam, dass sie auf die im ersten Schritt gemeinsam beschriebene Vision einzahlen müssen. Die anstehende Frage lautet: Welche Ziele müssen wir erreichen, um unserer Vision näher zu kommen? Sie können zu dieser Liste von sinnvollen Zielen natürlich auf verschiedene Art und Weise kommen. Sie können eine Liste durch Zurufe aus dem Plenum erstellen, Moderationskarten beschreiben lassen oder im Plenum diskutieren und das Ergebnis der Diskussion festhalten.

Die Methode, die wir am häufigsten nutzen, nennt sich „Murmelgruppen". Dazu bleiben die Teilnehmenden im Stuhlkreis dort sitzen, wo sie sind und bilden mit ihren direkten Nachbarn kleine Murmelgruppen. In diesen Kleinstgruppen von zwei bis drei Teammitgliedern wird über sinnvolle Ziele diskutiert und diese dann auf Moderationskarten aufgeschrieben. Mit dieser Vorgehensweise haben wir auf der einen Seite sichergestellt, dass sich jede Person beteiligt und gleichzeitig haben wir eine größere Anzahl von sinnvollen Zielen. Murmelgruppen helfen auch, die Meinungen der Teammitglieder zu berücksichtigen, die sich im Plenum vielleicht nicht zu Wort melden würden. Zusätzlich steigt in der Regel die Qualität der Zielliste, da die Ziele im Dialog bereits kritisch besprochen wurden.

Wenn wir nun eine Zielliste haben, entweder durch das Sammeln sinnvoller Ziele mit Blick auf die Vision oder durch das Verfahren der Problemtransformation, gilt es das eine Ziel auszuwählen, mit dem unsere Arbeit weiter fortgesetzt werden soll. Hier finden also beide im ersten Schritt beschriebene Varianten wieder zusammen: in einer Liste von Zielen, die für das Team wichtig sind. Aus dieser Liste ein Ziel auszuwählen, ist kein leichtes Unterfangen, da alle Ziele ja von Teilnehmenden genannt wurden, weil sie ihnen wichtig sind. Die Fokussierung (s. Abb. 5.3) erfolgt daher in mehreren Schritten. Im ersten Schritt wird geschaut, ob es unter den vielen Zielen welche gibt, die inhaltlich zusammengehören. Ziele, die vielleicht in ähnlichen Worten das Gleiche meinen. Solche Ziele können dann zusammengefasst und als verdichtetes Ziel auf ein neues Flip-Chart-Papier geschrieben werden. In der Regel haben wir nach diesem Vorgehen vier bis sechs wesentliche Ziele, die sich nicht mehr zusammenfassen lassen würden, ohne dass etwas Wesentliches verloren gehen würden. Bleibt immer noch die Aufgabe, sich auf ein Ziel zu einigen, mit dem nun begonnen werden soll. Den Grund für die Fokussierung verdeutlichen wir oft mithilfe einer Metapher:

Beispiel

Wie ein ambitionierter Bergsteiger, der alle Achttausender der Welt besteigen will, wollen wir natürlich auch alle unsere Ziele erreichen. Gleichzeitig kann

Abb. 5.3 Fokussierung

der Bergsteiger immer nur einen Gipfel nach dem anderen erklimmen. Er kann nicht auf zwei Gipfel gleichzeitig steigen. Analog dazu macht es auch für uns Sinn, sich auf ein Ziel zu einigen, mit dem wir beginnen wollen und auf dessen Zielerreichung wir uns ganz konzentrieren können. Das sollte möglichst das Ziel sein, welches den größten positiven Effekt auf alle anderen Ziele hat. Oft ist es nämlich so, dass sich viele Dinge parallel verändern und entwickeln, sobald man angefangen hat, ein Ziel zu bearbeiten.

Vor der Einigung auf das erste Ziel, den ersten Gipfel, ist es hilfreich, sich darauf zu einigen, was mit den Zielen geschieht, die in diesem Team-Coaching-Workshop nicht behandelt werden. Ist einmal sichergestellt, dass alle Ziele irgendwann bearbeitet werden, fällt es dem Team in der Regel viel leichter, sich auf ein Ziel zu einigen, mit dem sie beginnen möchten. Sehr häufig ist es dem Team möglich, sich die weiteren Ziele in einem ihrer regelmäßigen Jour Fixes anzusehen oder zu vereinbaren, dass es nach einer gewissen Zeit einen weiteren Workshop-Termin geben wird, in dem dann an weiteren Zielen gearbeitet werden kann. Ob im Jour Fixe oder dem nächsten Workshop-Termin tatsächlich an diesen Zielen gearbeitet wird, ist dabei oft nicht so wichtig. Durch die Konzentration auf das Ziel mit der stärksten Hebelwirkung auf alle anderen Ziele und auf die Erreichung der Team-Vision werden sich die anderen Ziele mit bewegen und verändern. Zur

Verdeutlichung verwenden wir hier oft die alte systemische Metapher des Fischernetztes: Egal welchen Knoten des Netzes du hochhebst, alle anderen Knoten werden sich mit bewegen!
Der finale Schritt ist dann die Einigung auf das eine Ziel, welches die Grundlage für die weiteren Schritte im Workshop sein wird. Dazu ist es hilfreich, die Ziele noch einmal herauszustellen und als wohlformuliertes Ziel auf ein Flip-Chart-Papier zu schreiben. Wohlformuliert bedeutet in diesem Fall, dass sich das Ziel möglichst in einem knappen Satz formulieren lässt und in der Gegenwartsform positiv beschreibt, was ist (also wiederum keine Negationen enthält).

Achtung
Manchmal ist der Schritt der Einigung auf das eine Ziel, mit dem das Team starten möchte, etwas zäh. Immerhin sind ja alle genannten Ziele wichtig und sinnvoll. Daher braucht es hier Geduld und Beharrlichkeit. Bitte nehmen Sie an dieser Stelle keine moderativen Abkürzungen, die Ihnen aus anderen Typen von Workshops bekannt sind. Also weder die einfache Abstimmung noch das Punkten nach der Moderationsmethode. Dadurch gibt es immer Personen deren Sichtweise nicht berücksichtigt wird. Wir möchten an dieser Stelle aber ausdrücklich den Konsens. Wie gesagt, wenn Sie langsam genug vorgehen und einen Schritt nach dem anderen machen, wie oben beschrieben, werden Sie schließlich auch bei einem Ziel landen was von allen getragen wird.

5.3 Unsere Unterstützer

Menschen sind soziale Wesen, weswegen für die meisten von uns Gemeinschaft, soziale Zugehörigkeit und gegenseitige Unterstützung zentrale Werte sind. Dies gilt natürlich auch für die Menschen im Team-Coaching. In erster Linie sollte jedes Team-Mitglied sich darauf verlassen können, dass die Mitglieder des eigenen Teams seine bzw. unsere Zielerreichung unterstützen. Das haben wir bereits durch die ersten beiden Schritte versucht, sicher zu stellen. Darüber hinaus kann es aber durchaus sinnvoll sein, nach weiteren Personen im relevanten Umfeld Ausschau zu halten, die das Team in seinem Bestreben sein Ziel zu erreichen, unterstützen können. Wir kennen diese Überlegungen aus dem Projektmanagement, wo man systematisch eine Stakeholder- und Sponsoren-Analyse durchführt, um so mögliche Förderer, Unterstützer und Koalitionspartner zu identifizieren. Die meisten Ziele von Teams in Organisationen haben ja nicht nur Auswirkungen auf das Team selbst, sondern auch auf weitere Abteilungen oder einzelne Personen. Wir wollen an dieser Stelle aber keine klassische Stake-holder-Analyse mit dem infrage stehenden Team durchführen.

Es geht vielmehr darum, im Austausch im Plenum zu besprechen, welche Personen oder auch andere Teams von dem eigenen Vorhaben erfahren sollten, damit diese sich auf unsere Aktivitäten einstellen können und gegebenenfalls aktiv unterstützen können. Neben dem Effekt der Unterstützung steigert das Ansprechen von möglichen Helfern auch das eigene Commitment zu den Zielen. Sobald wir von unseren Zielen jemanden berichten und sogar um Unterstützung in bestimmter Art und Weise bitten, wirkt dies auf uns zusätzlich motivierend. Auf der anderen Seite würde das Nicht-ernst-nehmen der eigenen Ziele eine Art kognitive Dissonanz auslösen: „Wie kann ich meine Ziele nicht ernst neh-men oder weiterverfolgen, wenn sich andere für mich und meine Zielerreichung einsetzen?".

Mit der Sammlung zentraler Helfer im Plenum geht eine Festlegung einher, wer diese Personen oder Teams anspricht. Oft reicht es im Anschluss an die Ver-anstaltung, die betreffenden Personen mithilfe des Fotoprotokolls über den Pro-zess zu informieren und um entsprechende Unterstützung zu bitten. Besonders hilfreich kann es sein, dass man für alle Unterstützer kurz überlegt, was konkret man sagen möchte:

- Ist die formulierte Vision verständlich?
- Kann das ausgewählte Ziel einfach dargestellt werden?
- Ist der Grund für die Wahl des ersten Ziels zu vermitteln?
- Welche Unterstützung erhofft man sich am meisten?
- Wieso ist diese Unterstützung wichtig?
- Welchen erwünschten Effekt verspricht man sich von der Unterstützung?
- Wie bekommen die Unterstützer mit, dass die Hilfe angekommen ist?
- Welche Art Rückmeldung gibt es vom Team?

Sobald wir auf all diese Fragen relativ mühelos eine Antwort finden, können wir als Team sicher sein, dass die Vision und das Ziel im Team angekommen und ver-ankert ist. Die Suche und die Definition von Unterstützern führen zu einer weite-ren Vertiefung des Team-Prozesses, an dessen Ende eine Veränderung steht, die das Team seiner erwünschten Zukunft näherbringt.

Da man mit den Unterstützern in der Regel nicht schon während des Work-shops sprechen kann, sondern eben erst nach dem Workshop, wird zugleich der Prozess, der innerhalb des Teams angestoßen wurde, in den Alltag getragen. Bereits im dritten Schritt wird also der Transfer in die Praxis initiiert und dies obwohl noch gar keine konkreten Aktionspunkte oder, nächsten Schritte.

festgelegt wurden. Das Versprechen, über das Zukunftsbild und das definierte Ziel mit anderen Menschen außerhalb des Teams zu sprechen, ist damit ein wichtiges Element der Veränderung. Der Blick auf die Helfer wird aber auch noch im nächsten Schritt von Bedeutung sein, bei dem es um die Gewinne geht, die man sich von den angestoßenen Veränderungen erwartet. Schritt drei und vier gehen im Workshop daher oft Hand in Hand.

5.4   Unser Nutzen

Wir sind uns bisher einig, dass wir eine gemeinsame Vision über unsere erwünschte Zukunft sowie ein erstes attraktives Ziel haben. Wir haben darüber hinaus mögliche Unterstützer für unser Vorhaben identifiziert. Aber lohnt sich der ganze Aufwand für uns überhaupt? Lohnt er sich für mich persönlich? Diese Frage wird in vielen Workshops oft nicht explizit ausgesprochen, aber in den Köpfen der Teammitglieder kann sie dennoch vorhanden sein. Im Team-Coaching ist es wichtig, dass solche Fragen aus dem Hinterkopf hinaus in den gemeinsamen Raum kommen, um darüber zu sprechen. Daher wird die erhoffte Zielerfüllung nun mit Blick auf den Nutzen für die Beteiligten überprüft.

Dass die Vision und das gemeinsam getragene Ziel für das Team sinnvoll sind, haben wir in den vorherigen Schritten ja bereits beachtet. In diesem Schritt überprüfen wir daher zuerst, ob die Erreichung des definierten Ziels auch dem Einzelnen nutzt. Wir fokussieren uns hier ganz bewusst auf das Ziel, welches wir als ersten Meilenstein auf dem Weg zur erwünschten Zukunft definiert haben. Die Vision ist ab jetzt also der Orientierungspunkt in der Ferne (unser Nordstern), der weiterhin die Richtung vorgibt. Konkret weitergearbeitet wird aber mit dem Ziel, welches wir gemeinsam bestimmt haben. Dazu bitten wir jeden Teilnehmenden, für sich auf Moderationskarten zu schreiben, was er beziehungsweise sie ganz konkret davon hat, wenn das Ziel erreicht wird. Anschließend werden alle Karten eingesammelt und an eine Pinnwand geheftet sowie kurz vorgelesen.

Es wird an dieser Stelle nicht über die Karten diskutiert, da es nicht um das Verstehen der einzelnen Nutzenaspekte geht. Es geht darum, die Nützlichkeit der Zielerreichung für jedes Teammitglied zu visualisieren. Es reicht daher vollkommen, dass jedes einzelne Teammitglied weiß, welcher konkreter Nutzen gemeint ist. Wir können die Schlagworte an dieser Stelle ruhig missverstehen. Wichtiger ist zu diesem Zeitpunkt der motivationale Effekt auf die einzelnen Teammitglieder und das gesamte Team bei der Betrachtung der vielen Nutzenkarten an der Pinnwand. Durch die Visualisierung vieler unterschiedlicher

Nutzenaspekte wird noch einmal die Attraktivität des Ziels unterstrichen sowie die Motivation zur Veränderung gesteigert.

Aber natürlich bleibt es nicht nur bei der individuellen Nutzenüberprüfung. Im zweiten Schritt wird der Nutzen für weitere Personen oder Personengruppen abgefragt. Dies kann wiederum mit Moderationskarten geschehen oder einfach durch Zuruf im Plenum. An dieser Stelle ist es wahrscheinlich, dass auch viele der Unterstützer wiederauftauchen. Dieses Mal allerdings nicht als Unterstützer, sondern als Gewinner unserer Zielerreichung. Dies vereinfacht es uns auch, nach dem Workshop auf die möglichen Unterstützer zuzugehen. Wir bieten eine Win-Win-Situation an: Auf der einen Seite profitiert das Team durch die Unterstützung und auf der Seite hilft der Erfolg des Teams auch den Unterstützern.

Daneben sind es oft Nachbarteams, die Vor-Vorgesetzten, Kunden, Lieferanten, aber auch die eigene Familie oder sogar der Hund der Familie (der wird erstaunlich häufig genannt), die alle etwas vom Team-Erfolg haben werden. Mit dem Schritt der Nutzenüberprüfung wird also noch einmal unterstrichen, dass unsere vereinbarten Ziele wichtig, hilfreich und sinnvoll sind. Die Motivation im Team zur Veränderung wird weiter gesteigert.

5.5   Unsere bisherigen Fortschritte

In dieser Phase des Coachings werden häufig Stimmen von Teilnehmenden laut, dass man ja nicht bei null anfängt und nicht so tun sollte, als ob man als Team bisher noch nichts erreicht hätte. Diesen Hinweis greifen wir als LF Coachs natürlich gern auf – selbst, wenn er nicht kommt. LF Coaching achtet immer darauf, die Selbstwirksamkeitsüberzeugungen der Klienten zu stärken. Das machen wir im Team-Coaching am einfachsten dadurch, dass wir eine Skala von null bis zehn auf ein Flip-Chart-Papier malen (s. Abb. 5.4). Zehn wird definiert als die vollkommene Zielerreichung. Bei zehn haben wir alle Aspekte unseres Ziels erreicht und zu unserer vollsten Zufriedenheit umgesetzt. Null wird einfach als das komplette Gegenteil von zehn definiert. Nun sollen die Teammitglieder bestimmen, wo auf der Skala sie das Team heute schon sehen. Dies kann wieder durch Murmelgruppen vorbesprochen werden oder direkt im Plenum diskutiert werden. Dabei ist es auch in Ordnung, wenn sich das Team nicht auf eine Zahl auf der Skala einigt, sondern es einen Bereich gibt von zum Beispiel drei bis sechs. Wichtig hierbei ist, dass das Team dann beginnt, die Beispiele zu nennen, die es dazu gebracht haben, nicht für null zu votieren (was übrigens noch nie passiert ist). Alle Nennungen über null sind Fähigkeiten, positive Routinen oder Verhaltensweisen, die jetzt schon in Richtung erwünschte Zukunft deuten.

Abb. 5.4 Wo stehen wir
heute mit Blick auf das
Ziel?

All diese positiven Ansätze gilt es sich bewusst zu machen, um sie weiter zu
verstärken.

Eine weitere Möglichkeit die Skala zu füllen, ist das „fast anonyme Verteilen
von Klebepunkten" auf der Flip-Chart-Skala. Das ist eine Variante, die Teilnehmende aktiviert und einen gewissen spielerischen Charakter hat:

Beispiel

Wir haben über das Ziel gesprochen, über mögliche Unterstützer und auch
über den Nutzen, den die Zielerreichung für uns als Team haben wird. Das
hört sich zuweilen so an, als ob von diesem Ziel heute noch gar nichts exis-
tiert, was natürlich nicht der Fall ist. Wenn wir uns auf dem Flip-Chart-Papier
eine Skala aufzeichnen, bei der zehn die vollständige Zielerfüllung ist und null
das komplette Gegenteil, wo steht Ihr Team heute schon? Um alle Sichtweisen
des Teams zu dieser Frage einzufangen, bitte ich Sie, gleich einen Punkt auf
diese Skala zu kleben. Je mehr Elemente der Zielerfüllung Sie heute schon
sehen, desto höher punkten Sie bitte. Und damit die Punktevergabe halbwegs anonym von statten gehen kann, dreh ich das Flip-Chart um. Sie kommen bitte gleich der Reihe nach hinter das Flip-Chart und kleben Ihren Punkt.
Und damit der erste in der Reihe auch noch halbwegs anonym punkten kann,
werde ich jetzt schon mal drei Punkte ankleben. So, jetzt noch ein Foto mit

dem Handy, damit ich am Ende meine Punkte wieder entfernen kann – Klick – und los geht es!

Nach dem Kleben der Punkte und dem Entfernen meiner eigenen Punkte zur Wahrung der Anonymität, wird mit der entstandenen Punktewolke genauso gearbeitet, wie mit der gemeinsam festgelegten Skalenpunktzahl. Die Wahrnehmung und Betonung der bisherigen Fortschritte beziehungsweise des bisher Erreichten in der Gruppe ist ein wichtiger Schritt im Reteaming. Hier geht es wieder einmal darum, die Selbstwirksamkeitsüberzeugung der Gruppe zu stärken, aber auch die Motivation für die nächsten Schritte weiter zu aktivieren. In aller Regel steigt die Stimmung im Team nach diesem Schritt merkbar!

5.6   Unsere künftigen Fortschritte

Im LF Einzel-Coaching würde man nun fragen: „Woran erkennen Sie, dass Sie auf der Skala einen Schritt weitergekommen sind?" Man fragt also nach Anzeichen für den Fortschritt. Wir fragen bewusst nicht danach, was der nächste Schritt wäre, um dem Ziel etwas näher zu kommen. Diese Frage ist für viele Teams und Individuen schwer zu beantworten. Letztendlich sind die Menschen im Coaching, weil sie ja genau die Frage nach dem nächsten Schritt nicht beantworten können. „Wüsste ich was ich als Nächstes tun sollte, wäre ich ja nicht hier", ist eine Aussage, die man dann möglicherweise zu hören bekommt. Viel leichter fällt es den Klienten, die Frage zu beantworten, woran sie erkennen werden, dass sie sich ihrem Ziel angenähert oder sogar erreicht haben. Wir erfragen im LF Coaching also nach Anzeichen für den Fortschritt!

Analog gehen wir auch im Team-Coaching vor. Allerdings beziehen wir uns nicht auf einen konkreten Skalenwert, da das Team auf die Frage nach dem aktuellen Wert auf der Skala von null bis zehn wahrscheinlich in einer Art Punktewolke geantwortet hat. Vielmehr bleiben wir allgemeiner und wagen einen gemeinsamen Blick in die Zukunft. Wir laden das Team also zu einer Imaginationsübung ein und gehen mit dem Team gemeinsam davon aus, dass das Ziel erreicht wurde und sich der zu erwartende Nutzen auch eingestellt hat, um dann das Team in seiner Zielerfüllung als eine Art „Dream-Team" zu beschreiben.

- Woran erkennen Sie selbst, dass das Team zum Dream-Team geworden ist?
- Woran erkennt die Nachbarabteilung, dass Sie Ihre Ziele erreicht haben?
- Woran erkennen Ihre Unterstützer, dass Sie Ihre Ziele erreicht haben?

- Woran erkennen Sie bis zum Ende der Woche, dass sich das Team auf den Weg gemacht hat?
- Woran erkennen Sie in den nächsten vier Wochen, dass sich das Team in Richtung Ziel und erwünschter Zukunft bewegt?

Diese und ähnlich Fragen regen die Gruppe dazu an, eine möglichst konkrete Beschreibung des Teams nach den erfolgreichen Veränderungen zu geben. Oft ist es auch hilfreich, mit dem Team darüber zu reden, welchen Unterschied diese Veränderungen im Vergleich zu heute machen. Es stärkt das Bewusstsein, dass auch viele kleine Veränderung Relevanz für das Team haben. Außerdem steigert es die Lust darauf, mit den Veränderungen zu beginnen. Durch eine möglichst konkrete Beschreibung des Teams nach der Zielerfüllung wächst die Motivation zur Veränderung sowie die Zuversicht in den Erfolg. Genau dies möchten wir erreichen: Ein gestiegenes Vertrauen in den Erfolg und Klarheit über nächste mögliche Schritte – ohne direkt nach den nächsten Schritten zu fragen. So schwer die Fragen „Was musst du als nächstes unternehmen?" für viele zu beantworten ist, so einfach ist zu beschreiben, woran ich einen kleinen Fortschritt festmachen werde, wenn ich vom Ergebnis, also der erwünschten Zukunft aus zurückgehe.

Die Anzeichen für Fortschritte können dann entweder in Stichworten auf Flip-Charts festgehalten werden oder auch kreativ in Form eines gemeinsamen Bilds aufgemalt werden. Was für viele Teams ebenfalls gut funktioniert ist, eine Pressekonferenz aus der Zukunft zu veranstalten.

Beispiel

Es ist seit dem ersten Team-Coaching ein Jahr vergangen. Das Team hat alle seine Ziele erreicht und vielleicht sogar übertroffen. Dadurch wurde das Team organisationsweit für seine Erfolge bekannt. Aus diesem Anlass sollen Sie nun eine Pressekonferenz abhalten, in der Sie das Geheimnis Ihres Erfolges mit anderen teilen. Bitte gehen Sie darauf ein...

- ... welches die ersten Anzeichen nach dem Team-Workshop waren, dass sich etwas verändert hat?
- ... wodurch sich die wichtigsten Veränderungen bemerkbar gemacht haben?
- ...woran Sie – einen Monat nach dem Team-Coaching feststellen konnten, dass sich die Veränderungen in die richtige Richtung bewegen?
- ... woran Sie nach einem halben Jahr bemerkt haben, dass das Team-Coaching immer noch nachwirkt?

- ... was selbst eingefleischte Skeptiker überzeugt hat, dass sich das Team erfolgreich entwickelt?
- ...was Sie anderen Teams raten, um ähnliche Erfolge zu erreichen?

Sie erhalten so eine Beschreibung einer erwünschten Zukunft, die schon alle Elemente enthält, die in den nächsten Tagen und Wochen angegangen werden können. Werden die Anzeichen für die Fortschritte dann in eine logische und chronologische Reihenfolge gebracht, erhält man ganz nebenbei einen möglichen Plan für die nächsten Wochen. Natürlich kann sich dieser Plan in der Praxis noch ändern. Es ist sogar wahrscheinlich, dass er noch flexibel an die jeweilige Situation und deren Entwicklung angepasst werden wird. Dennoch entwirft die Sammlung von Anzeichen für einen Fortschritt eine Art Masterplan für die nächsten Wochen, an dem man sich immer wieder orientieren kann.

5.7   Unsere Herausforderungen

Bei aller Lösungsfokussierung und allem Sprechen über die erwünschte Zukunft darf das Gefühl nicht aufkommen, dass die aktuelle Schwere der Situation nicht ernst genommen wird. Daher gibt es im Reteaming explizit einen Raum, um die Herausforderungen, mit denen sich das Team auseinandersetzen muss, zu würdigen. Dies ist eine Besonderheit des Reteamings, die es in anderen Formen des LF Coachings nicht unbedingt gibt. Wichtig ist aber auch hier, dass man nicht mit den Herausforderungen im Team-Coaching beginnt, sondern am Anfang die lösungsfokussierte Perspektive betont. Es macht einen großen Unterschied, ob ich mit der Vision, dem Ziel, den Unterstützern, bisherigen Erfolgen und dem Dream-Team beginne und dann über mögliche Herausforderungen spreche oder ob ich mit den Herausforderungen starte. Es ist wie eine Art Brille, die ich am Anfang des Team-Coachings aufsetze und durch die ich alle weiteren Schritte betrachte.

Wir sind nun also an der Stelle, an der wir wissen, wie unsere Zukunft aussehen soll und dass wir Fortschritte in Richtung erwünschte Zukunft erkennen werden. Nun gilt es auch die Skeptiker im Team abzuholen und anzuerkennen, dass sich diese Veränderungen nicht von allein erledigen werden. Dies kann man am einfachsten machen, in dem man im Plenum darüber spricht. Häufig ist auch hier sinnvoll, dass man den Austausch im Plenum durch eine kurze Murmelgruppeneinheit vorbereitet, damit auch etwas zögerlichere Stimmen gehört werden. Denn darum geht es schließlich: Alle Stimmen sollen gehört werden.

Nach der Besprechung im Plenum können zusammenfassende Stichworte zu den verschiedenen Herausforderungen auf Flip-Charts geschrieben werden. In aller Regel halten wir die Visualisierung der Herausforderungen bewusst knapp, da sie rein optisch keinen zu großen Raum einnehmen sollen. Dennoch müssen sie festgehalten werden, um den Respekt vor den Herausforderungen zu dokumentieren. Letztendlich ist das Benennen der Schwierigkeiten und Herausforderungen eine wesentliche Vorbereitung für die Betrachtung der Ressourcen im Team. Wenn etwas schwierig ist, bedeutet dies implizit auch, dass es möglich ist. Ansonsten wäre es ja nicht „schwierig" zu erreichen, sondern einfach unmöglich. So nutzen wir die gesammelten Herausforderungen direkt für den nächsten Schritt im Reteaming: Vertrauen in den Erfolg stärken!

5.8   Unsere Zuversicht

Das Vertrauen in den Erfolg zu stärken, ist jetzt natürlich sehr wichtig, da wir die Herausforderungen ja nicht einfach im Raum stehen lassen möchten. Die Herausforderungen machen uns deutlich, dass die Zielerreichung vielleicht nicht einfach ist, aber vor allen Dingen ist sie möglich. Dazu müssen wir die Herausforderungen eben meistern. Dies ist für Teams eine ideale Gelegenheit, sich noch einmal der Stärken, Kompetenzen und versammelten Erfahrungen im Team bewusst zu werden. Es gilt jetzt also die Gründe dafür zu sammeln, dass das Team erfolgreich sein wird. Dazu schreiben Sie eine Frage auf ein Flip-Chart und lassen die Teilnehmenden in Murmelgruppen ihre Antworten auf Moderationskarten schreiben. Die Frage lautet:

Fragen

„Was gibt Ihnen die Zuversicht, dass Sie in der Lage sind, Ihr Ziel zu erreichen?"

Vertieft wird dieser Schritt dadurch, dass man die Murmelgruppen durch folgende Fragen auf einem Flip-Chart anregt, über Kompetenzen und Fähigkeiten nachzudenken, die notwendig waren, um als Team bisher erfolgreich zu sein.

* Wie haben wir es geschafft in der Vergangenheit mit Herausforderungen umzugehen?
* Welche Kompetenzen und Fähigkeiten sind dafür notwendig?
* Welche Kompetenzen des Teams werden von Außenstehenden besonders geschätzt?

- Was zeichnet das Team grundsätzlich aus? Welche Stärken hat es?
- Wie haben wir es geschafft, bisherige Erfolge zu erzielen?
- Was noch?

Diese Fragen müssen nicht alle einzeln beantwortet werden, sondern sollen nur als Anregungen dienen, Stärken, Kompetenzen, Fähigkeiten und alle weiteren Ressourcen des Teams als Stichpunkte auf Moderationskarten zu schreiben. Sind alle Karten geschrieben werden die Karten auf eine Pinnwand gehängt und gemeinsam im Plenum betrachtet. Ähnlich wie bei den individuellen Gewinnen ist auch hier die Förderung der Motivation und des Vertrauens in den Erfolg ein wichtiges Element für den weiteren Verlauf des Workshops.

Nun kann auch an die Einstiegsübung („Vorstellen einmal anders") erinnert werden, bei der zu jedem Team-Mitglied Ressourcen genannt wurden, die für den Erfolg des Team-Coachings hilfreich sein können. All diese Ressourcen gehören natürlich ebenfalls auf jeweils eine Karte. Schnell wird deutlich, dass die Anzahl der Ressourcenkarten die Anzahl der Herausforderungen bei weitem übersteigt. Natürlich ist dies erst einmal ein quantitativer Eindruck. Dennoch sind solche „Bilder" wichtig, um das Gefühl der Selbstwirksamkeit und damit das Vertrauen in den Erfolg zu stärken.

Um der Zuversicht noch die Krone aufzusetzen, können dann im Plenum noch Ressourcen per Zuruf auf Flip-Charts gesammelt werden, die außerhalb des Teams liegen, die aber für den Team-Erfolg sehr hilfreich sein können. Dazu zählen natürlich die Ressourcen der Unterstützer, Kooperationen mit anderen Teams, gemeinsame Ziele mit anderen Teilen der Organisation und vieles andere mehr.

5.9   Unser Versprechen

„Versprochen ist versprochen und wird nicht gebrochen!" Wer kennt diesen Spruch nicht aus Kindertagen? Bei einem Versprechen geht es um sowohl um eine Verpflichtung, die man einer anderen Person gegenüber eingeht, wie auch um das öffentliche Bekenntnis zu dieser Verpflichtung. Beides soll sicherstellen, dass etwas getan wird und genau an dieser Stelle sind wir jetzt auch im Reteaming-Prozess. Es ist ja schön, dass wir ein Ziel sowie die Zuversicht gewonnen haben, dieses auch zu erreichen. Allerdings wird nichts passieren, wenn niemand aktiv wird. Daher werden an dieser Stelle die Team-Mitglieder aufgefordert, ein Versprechen darüber abzugeben, was in aller nächster Zeit getan wird, damit sich das Team seinem Ziel nähert. Es geht einfach darum, dass dem Team-Coaching konkrete Aktionen folgen.

Da uns aus der Psychologie das Phänomen der Verantwortungsdiffusion in Gruppen (jemand der anderen Anwesenden wird es schon machen) nur allzu bekannt ist, geht es nun darum, dass jeder Einzelne überlegt, was sie beziehungsweise er in den nächsten Tagen oder maximal zwei Wochen unternimmt, damit sich die schon besprochenen Anzeichen für den Fortschritt auch in der Praxis zeigen. Wir sind also wieder bei den Anzeichen der erwünschten Zukunft angekommen. Dieses Mal allerdings nicht bei der reinen Beschreibung, sondern bei den Taten, die diese Anzeichen Realität werden lassen. Dabei sollte es eine Betonung auf möglichst konkrete und möglichst kleine Schritte geben. Daher hilft es auch den Zeithorizont auf die nächsten Tage bis maximal zwei Wochen zu legen, um sicherzustellen, dass die Vorhaben auch umgesetzt werden. Je kleiner diese Schritte sind, je einfacher die Taten sind, desto höher die Wahrscheinlichkeit, dass sie auch im Alltag umgesetzt werden.

Wir nutzen nun also die während des ganzen Workshops aufgebaute Motivation zur Veränderung (Vision, Ziel, Unterstützer, Nutzen, bisherige Fortschritte, Anzeichen für Fortschritte, Herausforderungen und Zuversicht in den Erfolg), um die kleinstmöglichen Schritte zum Start der Veränderungsdynamik Wirklichkeit werden zu lassen. Der Spannungsbogen wurde über eine längere Zeit aufgebaut, sodass die Team-Motivation sowie das Vertrauen in den Erfolg so groß sind, dass jeder seinen Anteil zur Erreichung der erwünschten Zukunft beitragen möchte.

Konkret werden dazu die Teilnehmenden des Team-Coachings gebeten, entweder in Einzelarbeit oder in Tandems zu überlegen, was sie tun werden, damit die Veränderungen erfolgreich umgesetzt werden. Manchmal kann es auch durchaus sinnvoll sein, dass man diese Aufgabe nicht an einzelne Team-Mitglieder gibt, sondern an kleine Arbeitsgruppen. Das ist immer dann sinnvoll, wenn für die anstehenden Veränderungen Teilgruppen des Teams benötigt werden.

Jetzt kann man auch wunderbar einen kurzen Reflexionsspaziergang einbauen. Die Teilnehmenden des Team-Coaching haben bisher sehr intensiv gearbeitet, sodass es sich empfiehlt, sich zu bewegen und mit ein wenig Abstand den Stand der Überlegungen zu reflektieren. Dazu bitten Sie die Teilnehmenden in Zweier- oder Dreier-Gruppen einen kurzen Spaziergang von 20 min zu machen und über das angestrebte Ziel, die erwünschte Zukunft und ihre persönlichen Versprechen zu reden. Ein solcher Spaziergang hilft, seine Versprechen noch bewusster zu wählen und auch gleich von einem oder zwei Kollegen eine Rückmeldung über die Sinnhaftigkeit des Versprechens mit Blick auf die Zielerreichung zu erhalten. Nach dem Spaziergang kommen alle Teilnehmenden zurück ins Plenum und teilen ihr Versprechen mit der Gruppe. Dadurch ist praktisch die Veränderung in Richtung erwünschte Zukunft durch das Versprechen der Veränderung eines jeden Einzelnen garantiert.

Abschließend zu diesem Schritt können alle Versprechen auf einer Pinnwand inklusive Namen festgehalten werden. So kommt man, ohne das Wort genutzt zu haben, automatisch zu einer Art Maßnahmenplan für die nächsten zwei Wochen, der bei einem nächsten Treffen dann auch überprüft werden kann.

5.10 Unser Fortschrittsmonitoring

Für die meisten Team-Workshops würde an dieser Stelle wahrscheinlich langsam das Ende der Team-Intervention eingeleitet werden. Schließlich hat man ja ein Ziel und viele konkrete Maßnahmen, die einen näher zum Ziel bringen werden. Beim Team-Coaching à la Reteaming fängt hier die Arbeit erst richtig an. Schließlich geht es nicht nur um einen erfolgreichen Workshop, sondern es geht vor allem auch darum, die „neue" Sichtweise auf das Team zu festigen und die abgegebenen Versprechen einzulösen.

Es gilt den Ressourcenblick für das Team beizubehalten und die Wertschätzung den anderen Team-Mitgliedern gegenüber noch stärker in den Alltag zu integrieren. Dies drückt sich in der Umsetzung der Reteaming-Philosophie aus: „Keiner ist (allein) für das Problem, aber alle sind für die Lösung verantwortlich!" Es gilt diese Sichtweise in den folgenden Besprechungen immer wieder hervorzuheben und zu betonen.

Dabei fällt dem Vorgesetzten des Teams eine besondere Rolle zu. Vorgesetzte führen vor allem durch ihr Beispiel. So ist es besonders wichtig für den Erfolg des Team-Coachings, dass der Vorgesetzte in den nächsten Tagen und Wochen seinen Fokus auf die kleinen Schritte = Erfolge in Richtung Ziel lenkt. Natürlich wird es auch Dinge geben, die nicht in Richtung Ziel zeigen. Die Herausforderung für den Vorgesetzten ist es nun, manches zu übersehen, was nicht so läuft wie vereinbart, und dafür all das zu sehen, was gut läuft. Durch die kontinuierliche Verstärkung der Verhaltensweisen, die erwünscht und hilfreich sind, werden diese Verhaltensweisen automatisch häufiger. Dieser Effekt ist natürlich auf der einen Seite eine klassische Verstärkung erwünschter Verhaltensweisen. Auf der anderen Seite ist es aber auch eine systematische Veränderung der Team-Kultur. Im Team-Workshop selbst gilt es, die Bedeutung des Fortschrittsmonitoring noch einmal hervorzuheben und allen bewusst zu machen. Zur Vertiefung können in Murmelgruppen Möglichkeiten gesammelt werden, wie das Fortschrittsmonitoring im Alltag etabliert werden kann. Typische Beispiele, die genannt werden, sind unter anderem:

- Mindestens einmal pro Woche jedem Kollegen sagen, worüber man sich mit Blick auf sein Verhalten oder seine Arbeit gefreut hat.
- Fortschrittswand: Visualisierung von eingelösten Versprechen, erfolgten Maßnahmen und allem, was passiert ist und das Ziel unterstützt.
- Positive Feedback-Runde am Ende von Jour-Fixe-Besprechungen
- Tägliches Stand-up-Meeting zu den Zielen des Tages inklusive der Suche nach Möglichkeiten, sich gegenseitig zu unterstützen.

Gerade Möglichkeiten der ständigen Visualisierung von Fortschritten passen heute sehr gut in das agile Arbeiten von Teams, die bereits Kanban- oder Taskboards gewohnt sind, die in täglichen Stand-ups betrachtet und ergänzt werden. An dieser Stelle kann eine Spalte auf diesen oder ähnlichen Boards für Fortschritte reserviert werden. Dazu passen auch wöchentliche Retrospektiven, die ebenfalls den Fokus auf die Fortschritte des Teams legen. Damit sind nicht nur Fortschritte in Richtung der besprochenen erwünschten Zukunft gemeint. Vielmehr gilt es auch sensibler für Fortschritte allgemeiner Natur im Team zu werden. Wie wir bereits betont haben, gilt für Veränderungen auch in Richtung erwünschter Zukunft die Fischernetz-Metapher: Sobald man einen Knoten des Netzes hochhebt, werden sich andere Knoten auch bewegen. Analog werden sich Fortschritte im Team an Stellen zeigen, die so gar nicht geplant oder angedacht waren. Auch diese positiven Veränderungen gilt es wahrzunehmen und zu verstärken.

Achtung!

Fortschrittsmonitoring und Verstärkung der positiven Ansätze bedeutet nicht, dass man nicht mehr über Probleme, Schwierigkeiten und Herausforderungen sprechen darf. Der Umgang mit Problemen wird aber ein anderer. Wenn es nun Schwierigkeiten im Team gibt, sollte der erste Reflex nicht mehr sein zu fragen: „Wer ist dafür verantwortlich?", sondern: „Was wollen wir stattdessen?". Wie oben schon erläutert, sind Problem und Ziel jeweils zwei Seiten einer Medaille. Welche Seite der Medaille wir intensiver betrachten und mit Energie versehen, liegt an uns.

5.11   Unser Umgang mit Rückschlägen

Auch dieser Punkt fehlt in den meisten Team-Workshops: Wie gehen wir mit Rückschlägen in unserem Bemühen nach Veränderung um? Natürlich ist Reteaming fokussiert auf die erwünschte Zukunft, aber es ist kein positives Denken im Sinne „Wenn wir nur daran glauben, wird es auch geschehen". Reteaming ist aus der Praxis entstanden und weiß daher, dass es im Leben keine Veränderung ohne Rückschläge gibt. Diese müssen nicht groß sein, aber es ist sehr wahrscheinlich, dass es Momente im Team-Leben gibt, die der Vision, der Team-Zukunft oder den geleisteten Versprechen abträglich sind. Verdrängt man diesen Gedanken im Team-Coaching, treffen diese Rückschläge umso heftiger, wenn sie dann auftreten. Um dem vorzubeugen, sammelt man mit dem Team (ggf. auch in Kleingruppen) auf einem Flip-Chart-Papier alle Hindernisse und möglichen Rückschläge, die uns auf dem Weg in die erwünschte Zukunft begegnen könnten. Die Flip-Chart-Seite ist aufgebaut wie die Flip-Chart-Seite zur Problemtransformation.

In der linken Spalte (s. Abb. 5.5a) sind alle möglichen Hindernisse und Rückschläge aufgelistet. In der rechten Spalte (s. Abb. 5.5b) werden alle Ressourcen und Strategien aufgeführt, mit denen man diesen konkreten Hindernissen und möglichen Rückschlägen begegnen wird. Dabei ist es umso hilfreicher, je konkreter die Gegenstrategien für ein spezifisches Hindernis sind. Ermuntern Sie die Teams nach Ressourcen bei den Team-Mitgliedern, aber auch bei den Unterstützern und auch außerhalb des Teams, zu suchen. Hier kann an den Ergebnissen und Erkenntnissen aus den Schritten drei „Unsere Unterstützer" und acht „Unsere Zuversicht" angeknüpft werden.

Abb. 5.5   **a** und **b** Strategien gegen Rückschläge

Ein Punkt, der auf jeder Hindernisliste auftauchte, die ich bisher gesehen habe, war der Punkt Zeit bzw. das Fehlen von Zeit. Wichtig ist hier, dass Sie dem Team vertrauen, die Gegenmaßnahmen zu finden, die für das Team passend sind. Es gilt hier also nicht die ideale Strategie mit Zeitknappheit aus dem aktuellsten Zeitmanagementsystem einzubringen, sondern darum die Strategie zu finden, die am besten zur realen Welt des Teams passt. Was das ist, weiß nur das Team allein. Insgesamt dauert dieser Schritt nicht allzu lange. Die meisten Gruppen brauchen um die 20 min für die Sammlung der wahrscheinlichen Rückschläge und das Auflisten der Gegenstrategien. Sehr häufig wiederholen sich auch die Gegenstrategien, da es oft um Refokussierung, Nutzung vorhandener Ressourcen inner- und außerhalb des Teams und dem ständigen Rekalibrieren von Prioritäten für das Team geht. Wichtig ist letztendlich, dass sich die Teilnehmenden bewusst sind, dass es zu unerwarteten Ereignissen kommen kann und man die Ressourcen hat, um damit flexibel umzugehen und sich wieder auf Kurs in Richtung erwünschte Zukunft bringen kann.

5.12   Unsere Erfolge feiern

Natürlich gilt es auch, Erfolge zu feiern! Das Team hat sich auf den Weg gemacht und wird sich der erwünschten Zukunft Stück für Stück nähern. Dabei ist es hilfreich für die allgemeine Motivation und auch das Durchhaltevermögen, dass Erfolge gefeiert werden. Dies können große und kleine Meilensteine sein, aber auch ungeplante positive Veränderungen oder einfach die Erkenntnis, dass man auf dem Weg ist. Auch die Unterstützer außerhalb des Teams freuen sich, wenn sie Erfolge des Teams feiern können, welches sie unterstützt haben. Fühlt man sich als Teil eines Teams, sei es als Mitglied oder als externer Unterstützer, sind Erfolge des Teams eine wichtige Quelle positiver sozialer Identität. Diese positive soziale Identität fördert wiederum den Team-Geist und die Bereitschaft, sich für das Team einzusetzen. Das Team wird zu einer Quelle von Zufriedenheit und Freude – nicht immer, aber dann immer öfter. Dabei helfen auch Rituale wie die lösungsfokussierte Retrospektive am Ende einer Arbeitswoche, damit auch die kleinen Schritte in Richtung erwünschte Zukunft gefeiert werden können. Sollten Sie nie Gelegenheit haben, ein lösungsorientiertes Team-Coaching durchzuführen, so nehmen Sie vielleicht dennoch diesen einen Punkt mit und achten darauf, dass Ihr Team regelmäßig seine Erfolge feiert!

5.13   Abschluss und Review

Mit den Schritten „Fortschrittsmonitoring" und „Erfolge feiern" haben wir ja
bereits den Workshop verlassen und sind in den Transfer in den Alltag ein-
getreten. An dieser Stelle ergibt sich die Frage, wie das Team-Coaching jenseits
der zwölf Schritte des Reteamings weitergeführt werden soll. Dazu gibt es nun
verschiedene Möglichkeiten, die sich zum Teil auch kombinieren lassen:

- Vereinbarung eines weiteren Workshops, um weitere Ziele zu bearbeiten
- Vereinbarung eines Review-Workshops zur Erfolgssicherung
- Nachbesprechung des Workshops durch Vorgesetzte und Coach
- Begleitendes Coaching des Vorgesetzten als Förderer des angestoßenen Ver-
  änderungsprozesses im Alltag
- Begleitendes Coaching des Teams im Rahmen von Team-Meetings im Alltag

Allerdings gehen wir im LF Coaching davon aus, dass die oben genannten
Wege nicht unbedingt notwendig ist. Natürlich können diese Formen von weite-
rer Begleitung als Wunsch vom Team oder dem Vorgesetzten geäußert werden.
Wir gehen aber davon aus, dass das Team sowie so das machen wird, was für
das Team in dieser Situation sinnvoll erscheint. Eine Grundannahme unserer
Arbeit besteht darin, dass unsere Klienten alle Ressourcen haben, um ihr Leben
besser zu machen. Im Team-Coaching haben sie dazu nun über das Ziel und die
ersten Schritte entschieden. Außerdem gehen wir immer noch davon aus, dass
Veränderungen ja auf jeden Fall passieren. Das Team-Coaching unterstützt das
Team lediglich darin, die Veränderungen in Richtung erwünschte Zukunft zu lenken. All das hält uns im Team-Coaching davon ab, eine weitere Begleitung durch
uns vorzuschlagen oder auch nur zu ermutigen. Wir vertrauen dem Team, dass es
seinen Weg findet. Sollte es weitere Unterstützung in Form eines LF Team-Coachings brauchen, wird es wissen, wie der LF Coach zu kontaktieren ist.
     Um das aktuelle Team-Coaching zu beenden, reicht daher oft das Nach-
gespräch mit dem Vorgesetzten, da der Prozess ja auch mit einem solchen Zweier-
gespräch begonnen wurde. Mit dem Abschlussgespräch ist also ein rundes
Ende gefunden. Damit wäre das gesamte Team-Coaching mit einem einmaligen
Workshop abgeschlossen und das Team wäre auf seinem Weg in die erwünschte
Zukunft.

5.14   Checkliste: Flip-Charts und Material im Workshop

- Zwei Flip-Charts (z. B. für die Transformation von Problemen und Zielen in zwei Untergruppen)
- Vier Pinnwände (z. B. für die Verdichtung der Ziele auf ein Ziel oder die Sammlung von individuellen Nutzenargumenten)
- Genügend Wachsmalstifte für alle Teilnehmenden, falls ein Visionsbild gemalt werden soll
- Flip: Probleme in Ziele verwandeln
- Flip: Fokussierung
- Flip: Wo stehen wir heute mit Blick auf das Ziel
- Flip/Pinnwand: Sammlung individueller Nutzen/Nutzen für andere
- Flip: Herausforderungen
- Flip/Pinnwand: Gründe für unsere Zuversicht
- Flip: 2 Varianten zu Strategien gegen Rückschläge
- Die E-Mail-Adresse von Jörg Middendorf, falls Sie im Vorfeld oder während des Workshops noch eine Frage zur Durchführung haben: info@bco-koeln.de.

Erratum zu: Lösungsorientiertes Team-Coaching

Erratum zu:
J. Middendorf und B. Furman, *Lösungsorientiertes Team-Coaching,* essentials,
https://doi.org/10.1007/978-3-658-26540-3

Die originale Version dieses Buches wurde ohne die Seite „Über die Autoren" publiziert. Diese ist nun ergänzt.

Im Impressum ist nachstehender Copyright-Vermerk hinzugefügt:

„reteaming® ist ein markenrechtlich geschützter Begriff. Rechteinhaber ist das Helsinki Brief Therapy Institute (Referenznummer LTI001), vertreten durch Ben Furman."

Die aktualisierte Version des Buches finden Sie unter
https://doi.org/10.1007/978-3-658-26540-3

Was Sie aus diesem *essential* mittnehmen können

- **Reteaming besteht aus zwölf Schritten** und ist eine Methode, die für unterschiedliche Ziele im Rahmen des Coachings von Organisationen, Teams und Einzelpersonen eingesetzt wird. Dabei folgt Reteaming zwei Prämissen:
  - Niemand (allein) ist für das Problem verantwortlich, aber alle für den Erfolg!
  - **Ein Problem ist nur die Kehrseite eines Ziels!**

Ein Team-Coaching kann innerhalb einer Sitzung/eines Workshops stattfinden und hilft, die natürliche Dynamik der Veränderung in Richtung einer erwünschten Zukunft zu lenken.
    Reteaming baut auf einer vereinfachten Theorie der Motivation auf. Danach ist Motivation eine dynamische Antriebskraft, die durch fünf Faktoren beeinflusst wird:

1. Identifikation
2. Attraktivität
3. Zuversicht
4. Erfolg
5. Durchhaltevermögen

Die Reteaming-Formel fasst diese Faktoren in Form einer metaphorischen Formel zusammen

$$M = Za \times VE \times FM \times SR$$

    Motivation zur Veränderung = attraktives Ziel × Vertrauen in den Erfolg × Fortschrittsmonitoring × Strategien gegen Rückschläge

© Springer Fachmedien Wiesbaden GmbH, ein Teil von Springer Nature 2019   53
J. Middendorf und B. Furman, *Lösungsorientiertes Team-Coaching,* essentials,
https://doi.org/10.1007/978-3-658-26540-3

Lösungsfokussierten Arbeiten mit Teams bedeutet flexibel auf das Team einzugehen, ohne die Prinzipien der LF aus den Augen zu verlieren. Alle zwölf Schritte haben sich als hilfreich für die Zielerreichung erwiesen. Dennoch müssen sie nicht immer starr in der vorgegebenen Reihenfolge genutzt werden. Wir arbeiten immer mit dem was vorhanden ist.

Literatur

De Shazer S., & Dolan Y. (2016). *Mehr als ein Wunder: Lösungsfokussierte Kurztherapie heute* (5. Aufl.). Heidelberg: Carl-Auer (Originalausgabe 2007 More than Miracles, Hayworth Press).

Furman, B., & Ahola, T. (2007). *Handbook of reteaming.* Helsinki: Helsinki Brief Therapy Institute.

Furman, B., & Ahola, T. (2010). *Es ist nie zu spät, erfolgreich zu sein: Ein lösungsfokussiertes Programm für Coaching von Organisationen, Teams und Einzelpersonen.* Heidelberg: Carl-Auer.

Furman, B., & Ahola, T. (2013). *Raus aus dem Tief: Übungen für mehr Lebensfreude.* Heidelberg: Carl-Auer. (Originalausgabe 2011 Palautoa elämänilosi, Tammi, Helsinki).

Geisbauer, W. (Hrsg.). (2012). *Reteaming: Methodenhandbuch zur lösungsorientierten Beratung.* Heidelberg: Carl-Auer.

Iveson, C., George, E., & Ratner, H. (2012). *Brief coaching: A solution focused approach.* London: Routledge.

Meier, D., & Szabó, P. (2008). Coaching erfrischend anders, Solutions Surfers GmbH/ Weiterbildungsforum Luzern.

Middendorf, J. (2017). *Lösungsorientiertes Coaching: Kurzzeit-Coaching für die Praxis (essentials).* Wiesbaden: Spinger Fachmedien.

Reinlassöder, R., & Furman, B. (2011). *Jetzt geht's! Erfolge und Lebensfreude mit lösungsorientiertem Selbstcoaching.* Heidelberg: Carl-Auer.

© Springer Fachmedien Wiesbaden GmbH, ein Teil von Springer Nature 2019
J. Middendorf und B. Furman, *Lösungsorientiertes Team-Coaching,* essentials,
https://doi.org/10.1007/978-3-658-26540-3

Printed in the United States
By Bookmasters